初见

美好不止于

南宁市第三中学………
编

广西人民出版社

图书在版编目（CIP）数据

美好不止于初见 / 南宁市第三中学编 . — 南宁：广西人民出版社，2023.11（2024.6 重印）

（百年名校正青春）

ISBN 978-7-219-11650-0

Ⅰ. ①美… Ⅱ. ①南… Ⅲ. ①南宁市第三中学—概况 Ⅳ. ① G639.286.71

中国国家版本馆 CIP 数据核字（2023）第 200753 号

MEIHAO BUZHI YU CHUJIAN

美好不止于初见

南宁市第三中学 编

策 划 赵彦红 责任校对 覃丽婷

执行策划 林晓明 陈晓蕾 美术编辑 牛广华

责任编辑 田若楠 版式设计 王程媛

出版发行 广西人民出版社

社 址 广西南宁市桂春路 6 号

邮 编 530021

印 刷 广西昭泰子隆彩印有限责任公司

开 本 889mm × 1194mm 1 / 32

印 张 11.5

字 数 225 千字

版 次 2023 年 11 月 第 1 版

印 次 2024 年 6 月 第 2 次印刷

书 号 ISBN 978-7-219-11650-0

定 价 45.00 元

《美好不止于初见》编委会

总　序

　　欲厦之高，必牢其基；欲流之远，必浚其源。自 1897 年维新人士余镜清创办的南宁乌龙寺讲堂算起，南宁市第三中学（简称南宁三中）历经了一百二十五年的洗礼与积淀，以其深厚的文化底蕴和卓越的办学特色，成为莘莘学子向往的求知殿堂，成为闪耀八桂大地的一个明星教育品牌。逢南宁三中一百二十五周年校庆之际，为了凝练延续名校基因，我们特别推出了"百年名校正青春"丛书，旨在回顾百年辉煌、展示教育求索、激励基因传承，这是南宁三中办学历程中一项具有里程碑意义的创举！

　　"百年名校正青春"丛书共计十册，是一次对学校发展蜕变的全景式展现，是一次对中学教育教学探索的全貌式分享，是一场弥足珍贵的文化盛宴。每一册书都浸染着南宁三中深厚的文化底色，以"真·爱"教育思想为引领，厚植"家的支柱，国之栋梁"的育人理念，秉持"以学术究真，以温暖施爱"的精神，从不同维度讲述南宁三中故事，展现新时代教育背景下蓬勃向上、生机盎然的南宁三中风貌。

在丛书里，《道从何处来》仿佛是一本扉页镶嵌着时间之石的珍宝簿，为我们展开了南宁三中砥砺百年的历史画卷。它以六个篇章为笔墨，深情而准确地勾勒出这所百年名校的成长脉络。通过那些极具代表性的图片和经典事件的点缀，我们仿佛置身于隽永的岁月长河之中，得以亲近属于南宁三中的教育理想和抱负，明了永恒的教育精神和卓越的教学成就。

《学科浪漫故事》有如一泓清泉，洋溢着南宁三中这所百年名校的教育芬芳。纵览四方的辉煌，体味十三门学科的精彩教学故事和教师们的辛苦与创新，名师们的风采和学生们的真情得以淋漓尽致呈现。在南湖之畔的南宁三中讲台，奏出一曲曲优美乐章，无一不让人流连沉醉。

《草木尽欲言》仿佛是一簇鲜花，伴着南国和畅清风，为我们拂来南宁三中校园里草木的芬芳。每一株植物都有其婀娜姿态，仿佛向我们低声述说着校园的故事。从植物的简介到手绘插画，再到古诗词品读和师生情谊，我们如同漫游在文化花园中，领略南宁三中师生间深厚的情谊和百年名校的韵味。

《学研相济　聚木成林》犹如一片浩渺星空，闪耀着南宁三中科研成果的光辉。它基于南宁三中在深化改革和创新发展方面的探索，将历年的杰出科研成果进行了编录，展示学校在教科研领域的深厚功底，为全市乃至全区深入推进教育教学改革、提高学校教学质量提供新启示、新方法。

《美好不止于初见》宛如一座丰碑，细述着南宁三中青山校区、五象校区、初中部青秀校区和初中部五象校区的风采。翻开书页，我们仿佛走进了被红色文化长久滋润的百年名校，移步换景间，得以尽览各校区的师资力量、历史人文、建筑特色、校园环境、生态资源，领略新时代背景下的南宁三中风采。

《四季　三中》如同一壶芬芳的清茶，于平淡之间，我们可以品味出南宁三中后勤服务工作者不凡的辛勤劳动。每一道美食、每一处胜景、每一桩小事都串联起南宁三中对学子们的关爱与体贴，诠释着学校"全境温馨、全员温暖、全校温情"的人文精神。

《爱要大声说出来》灿若一颗流星，闪烁着南宁三中学子思想和道德品质的光芒。书中收录了南宁三中学子在国旗下发表的精彩讲话，涵盖了爱国主义教育、党史学习教育、党团活动宣传、思想政治教育、法治教育和感恩教育等多个方面，用文字的力量让思想的匠心荡涤在心灵的河流，展示南宁三中在"真·爱"教育的引领下，全过程、全方位育人，为党育人、为国育才的成果。

《给母校的情书》好比一曲饱含着墨香韵味的恋歌，收录了南宁三中师生和优秀校友们的回忆文章。师者说，学子吟，从教师们的珍贵回忆，到学子们在求学时期难忘的点滴与毕业后对母校无尽的眷恋，一封封充满深情的书信，让我们感悟到南宁三中在百年时光中为学子们的成长付出的真挚关怀，让人们见识了这座百年名校多彩且立体的人文风采。

《光阴的故事》好似一幅细腻的水墨画，从多门学科的角度解读二十四节气，揭示其中蕴含的学科知识和中国故事。将中华优秀传统文化带入课堂，将创新教育的理念融入学校，让我们得以领略南宁三中教育的真谛和不断探索创新的精神。

《无界学习》宛然一座学识宝库，收录了南宁三中教师们关于无界学习的论文成果。新时代，知识无界、学习无界，要想在新征程中、新挑战下依然抬头挺胸、昂首阔步，就必须深入研究如何实现学生在学习过程中的全面发展。从纯粹的记忆到对知识的理解、反思、运用、迁移，再到品德、智慧、体魄、艺术和劳动的并举，这本书呈现了南宁三中教育工作者对青少年身心发展规律的深入探索，可为教育工作者提供宝贵经验。

本丛书的撰写与编纂，汇集了南宁三中教师、学生和校友的智慧与经验，他们倾注激情，用心良苦，将自己的思想和经历以生动的笔触呈现给读者。这些书籍既承载了南宁三中百年来的教育理念和办学精神，也彰显了南宁三中学子积极向上、积极进取的精神风貌。

撰书之初，南宁三中初中部江南校区仍处于初期筹备中；成书之时，初中部江南校区也方于 2023 年 9 月投入使用，所以未能在本丛书中有所收列。但自筹备之日起，南宁三中这所百年名校的精神和血脉便早已一以贯之，作为一个站在新起点的校区，已然立志于心、成竹于胸，开门即名校，不日将会打造出一张"创新江南"的崭新名片!

在这个飞速发展的新时代,南宁三中将以"百年名校正青春"丛书的出版为契机,拥抱时代,积极进取,勇于创新,主动求变,始终坚持以"为党育人 为国育才"为根本目标,践行"真·爱"教育思想,以培养"家的支柱,国之栋梁"为育人愿景,深入推进"教研强校 温暖育人"发展战略,让南宁三中在新时代继续引领教育潮流,培养更多有"真·爱"精神的学生,为社会培养更多有责任感、有担当的栋梁之才。

南宁三中,百年名校正青春!让我们共同见证这个伟大的历程,体悟南宁三中的精神风貌,感受岁月留存的智慧印记,为南宁三中的百年辉煌点赞。希望这些书籍的问世,能够启迪更多志同道合之人,引领他们走向未来,书写属于自己的辉煌篇章!

编 者

2023 年 10 月

分序

　　教育，是一场美丽的相遇。在时间的长河里，学生、教师、学校共同成长，相互温暖，成就一段美好而充盈的历史传奇。

　　1897年，维新志士余镜清先生怀揣教育救国梦想，创办了乌龙寺讲堂，这是南宁三中与人们最初的遇见。

　　创校最初的几十年，南宁三中与国同运，辗转发展，几迁校址，多易校名，最终在1955年定址于如今的青山路5号，学校名称也定为南宁市第三中学。多年来，南宁三中以"真·爱"教育的办学思想、"敦品力学"的校训和"德育为先，文理并重，崇尚一流"的办学特色饮誉中华大地，成为莘莘学子向往的求知殿堂。

　　百年学府，薪火相承。2016年开始，南宁三中开启集团化发展，并于2021年12月挂牌成立南宁三中教育集团，一个高质量发展的南宁三中在新时代与人们相遇。

　　立足新时代，开启新征程。短短数年，南宁三中由一变五，开枝散叶，在高中部青山校区的基础上，先后创办了高中部五象校区、初中部青秀校区、初中部五象校区和初中部江南校区。学校发展成为一个拥有1000多名教职工，1.3万多名学生的完全制中学。南宁三中心怀"国之大者"，主动担当社会责任，实现优质教育资源辐射，为"品质教育　学在南宁"系统工程贡献力量。

在南宁三中办校125周年之际，为了让人们更立体、更全面地遇见南宁三中，学校推出了介绍校园文化的"百年名校正青春"丛书。《美好不止于初见》就是其中一册。

《美好不止于初见》是一本关于南宁三中的百科知识绘本。书中介绍了南宁三中有关历史知识和各校区的基本情况，展示了学校美丽的生态环境。一册在手，便可以尽览南宁三中各校区的师资力量、历史人文、建筑特色、校园环境、生态资源等方面的情况。通过文字，读者可以了解学校的历史文化，熟悉学校的现状和教育特色，增进对学校的情感与联结。

走进南宁三中校园，遇见有温度、有情怀的南宁三中。愿你所见皆为美好，所行不负年少。

南宁市第三中学初中部青秀校区办公室主任　许家勇

2023 年 10 月

南宁市第三中学简介部分：

　　绘图者：覃丹丹

青山校区：

　　绘图者：吴双陶　黄予嘉
　　摄影者：罗邦德　杨汉生　黄文艳　刘　聪
　　　　　　林梦玲　李浩铭　轶　名　方向明
　　　　　　楚铁军　赵泽隆　刘志霏　许家勇
　　　　　　唐之惟

五象校区：

　　手绘地图：王伽文
　　摄影作者：任向明　韦　良　赵泽隆　陈远航
　　　　　　　杨汉生　廖娅楠　黄柏淇　程伟楷
　　　　　　　龙文煜　李欣泽　黄子柔　陈梦玲
　　　　　　　黄　继　李浩铭　林倩宇　胡　昱
　　　　　　　刘远智　吴丹玫　杨小菊

初中部青秀校区：

　　绘图者：胡楚宁

　　摄影者：黄成林　冯伟玲　刘志霏　龙燕云

　　　　　　杨　枝

初中部五象校区：

　　绘图者：熊思萍

　　摄影者：梁艳婷　韦剑鑫　李璐璐　韦　婷

　　　　　　潘　舟　廖骄健　黄海萍　谢展薇

　　　　　　雷　婷　朱云峰　赵美春　陈茜诺

　　　　　　陈　丽　郭敏行　盛紫函

目 录
Contents

4

三中之美
——初中部五象校区

南宁三中四校区地理位置手绘图

南湖公园

竹溪大道

邕江

青秀山风景

五象大道

五象岭森林公园

平乐大道

良玉大道

青山校区

初中部青秀校区

民族大道

那安快速路

铜鼓岭路

五象校区

初中部五象校区

坛兴路

南宁市第三中学简介

  南宁市第三中学（简称南宁三中）是广西首批重点中学、首批示范性普通高中、首批新课程新教材国家级示范校。其前身为1897年维新人士余镜清创办的乌龙寺讲堂，先后使用过南宁府中学堂、南宁府中学校、南宁中学校、广西省立第一中学校、广西省立第一高级中学、广西省立南宁高级中学、广西省立第一联合中学、广西省立南宁高级中学等校名，于1955年更名为南宁市第三中学，于2021年挂牌成立教育集团。截至2022年11月，南宁市第三中学拥有青山校区、五象校区、初中部青秀校区、初中部五象校区4个校区，共有教学班级254个，学生13295人，在职教职工1036人，其中专任教师907人。

  南宁三中秉承"真·爱"教育的办学思想、"敦品力学"的校训和"德育为先，文理并重，崇尚一流"的办学特色饮誉中华大地，成为莘莘学子向往的求知殿堂。学校具有良好的社会影响力和品牌效应，荣获首届全国文明校园、全国教育系统先进集体、全国五四红旗团委、全国现代教育技术实验学校、全国青少年科技活动先进单位、全国中小学科研兴校示范基地、广西优秀基层党组织、广西五一劳动奖状单位、广西文明学校、广西绿色学校、广西中小学德育工作先进单位、南宁市先进单位等称号。2018年，学校《实践型德育课程育人的19年改革与探索》入选全国中小学德育工作典型经验名单，入选全国文明校园巡礼和广西集中宣传报道单位。

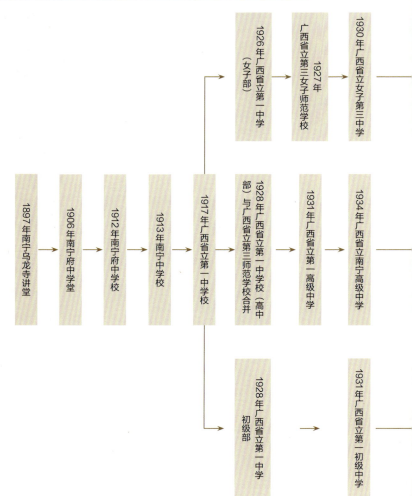

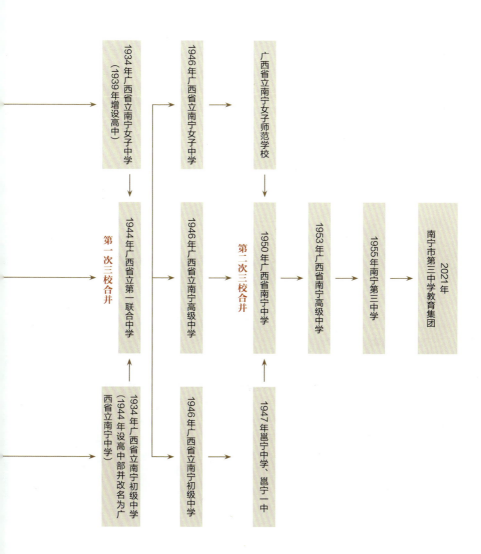

1934年广西省立南宁女子中学（1939年增设高中）

1946年广西省立南宁女子中学

广西省立南宁女子师范学校

第一次三校合并

1944年广西省立第一联合中学

1946年广西省立南宁高级中学

第二次三校合并

1950年广西省南宁中学

1953年广西省南宁高级中学

1955年南宁第三中学

2021年南宁市第三中学教育集团

1934年广西省立南宁初级中学（1944年设高中部并改名为广西省立南宁中学）

1946年广西省立南宁初级中学

1947年邕宁中学、邕宁一中

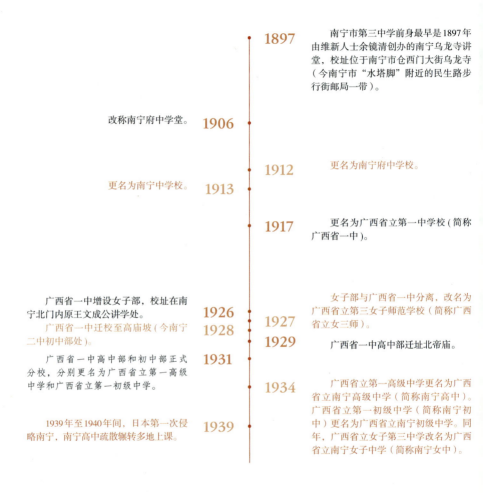

1897 南宁市第三中学前身最早是1897年由维新人士余镜清创办的南宁乌龙寺讲堂，校址位于南宁市仓西门大街乌龙寺（今南宁市"水塔脚"附近的民生路步行街邮局一带）。

改称南宁府中学堂。 **1906**

1912 更名为南宁府中学校。

更名为南宁中学校。 **1913**

1917 更名为广西省立第一中学校（简称广西省一中）。

广西省一中增设女子部，校址在南宁北门内原王文成公讲学处。 **1926**

1927 女子部与广西省一中分离，改名为广西省立第三女子师范学校（简称广西省立女三师）。

广西省一中迁校至高庙坡（今南宁二中初中部处）。 **1928**

1929 广西省一中高中部迁址北帝庙。

广西省一中高中部和初中部正式分校，分别更名为广西省立第一高级中学和广西省立第一初级中学。 **1931**

1934 广西省立第一高级中学更名为广西省立南宁高级中学（简称南宁高中）。广西省立第一初级中学（简称南宁初中）更名为广西省立南宁初级中学。同年，广西省立女子第三中学改名为广西省立南宁女子中学（简称南宁女中）。

1939年至1940年间，日本第一次侵略南宁，南宁高中疏散辗转多地上课。 **1939**

南宁初中增设高中部，改名为广西省立南宁中学，简称南宁中学。同年，日本第二次侵略南宁，南宁高中、南宁中学、南宁女中三校疏散到隆安县。

广西省一联中解体，重分为三校。高中部为广西省立南宁高级中学，校址在高庙坡。初中部为广西省立南宁初级中学，开设高中班，1947年更名为邕宁中学，之后又改名邕宁县第一中学（简称邕宁一中）。初中女生组成南宁女子中学，后改为广西省立南宁女子师范学校（简称南宁女师）。

广西省南宁高级中学迁校到琅边村（今青山路5号）。

南宁三中开始集团化发展，分别在良庆区良玉大道25号和青秀区铜鼓岭路12号开设五象校区和初中部青秀校区。

1940

1944

1946

1950

1953

1954

2016

1940 10月南宁高中迁回南宁，校址在广西省政府原址（今广西军区大院处）。

1944 三校在镇结（今天等县）合并为广西省立第一联合中学（简称广西省一联中）。1945年，广西省一联中迁回南宁。

南宁高中、邕宁一中、南宁女师合并为广西省南宁中学（简称南宁中学），校址在高庙坡（今南宁二中初中部处）。

1950

1953 南宁中学改名为广西省南宁高级中学。

1955 2月7日广西省南宁高级中学更名为广西省南宁第三中学。

2017 在良庆区坛兴路32号开设初中部五象校区。

南宁三中的校徽由三条波浪状的红色绸带组成,整体是一个"3"字,也像是一面舞动的红旗。寓意南宁三中是广西基础教育的一面旗帜,办好人民满意的教育,引领南宁教育的发展。

南宁三中校徽

4.你知道南宁三中的办学思想是什么吗?

南宁三中的办学思想:

"真·爱"教育

"真·爱"教育的内涵:

"求真向善""爱国爱校",践行"真知、真信、真行,爱校、爱国、爱党、爱民"。培养中华优秀传统文化的坚守者、传承者、弘扬者,培养社会主义核心价值观的崇尚者、践行者、传播者。简而言之就是涵养学生中国魂、树立学生中国心,让学生成为家的支柱、国之栋梁。

南宁三中"真·爱"石

南宁三中的校训是"敦品力学"。历史上，南宁三中有过几种不同的校训，20世纪30年代，国民党新桂系首领白崇禧为学校题写校训"敦品力学"，时任校长雷荣珂在抗战爆发后也为学校题写校训"明耻教战"。20世纪80年代，时任校长洪中信提出"勤奋学习，立志报国"的校训。进入21世纪，南宁三中重新确立"敦品力学"为校训。

"敦品励（力）学"语出清代学者梁章钜《归田琐记·谢古梅先生》："先生敦品励学，实为儒宗。"梁章钜以"敦品励学"来评价具有儒者风范、高尚品格的人。"敦"本为厚重意，引申为

南宁三中校训"敦品力学"

奋勉、敦促、勉力的意思。"敦品"，即砥砺品德。"励"，讲的是做事要勤勉，不忘初心，持之以恒。"力"在此与"励"同义，"力学"即发奋学习。"敦品力学"，即砥砺品德修养，致力发奋学习。

作为为人师表的教师，要教育好学生，就必须以身作则，率先垂范，方能以德育人。作为青春年少的学子，就要勤奋地学习，要修身养性，砥砺高尚的情操；要立志高远，树立远大的理想；要涵养美德，塑造砺美好的心灵。

 6.你知道南宁三中的办学特色是什么吗？

南宁三中的办学特色：德育为先，文理并重，崇尚一流。

 7.你知道南宁三中的校歌是谁写的吗？

南宁三中校歌是20世纪40年代由校友陈威作词作曲的，校歌曲调优美动人，歌词采用四言形式，含义隽永，数十年来传唱不衰。

三中老校歌

1=F 4/4

合唱编配 陈威

【歌词释义】

莘莘学子，南三校友，像明星一样汇聚南国邕城。

王明阳曾到这里造访教化，丰硕的教育成果如大树郁郁葱葱。

代代学子饱读诗书领悟精华，执着于正义与真理。

在这里，如沐春光，如坐春风，倍感温暖，心情舒畅。

在这里，师生共进，教学相长，互相学习，携手同行。

学子们就像新生的嫩竹，茂盛葱茏，生生不息。

晨曦时分，春光融融，我们执着进取，时而如怒潮，波澜壮阔，时而如流水，澄澈轻柔。

三路跋涉，如历三千弱水，只因有母校这艘航船，我们才能安全到达彼岸，成长成熟。

南宁三中的校庆日是5月4日。

1949年10月1日，中华人民共和国成立。1949年12月4日，南宁解放。1950年3月，南宁高中、邕宁一中、南宁女师合并为广西省南宁中学，在原南宁高中高庙坡校址上课，方管、李耿分别担任正、副校长。5月4日，学校第一次举行开学典礼，遂定为校庆日。

 9.你知道《三中赋》是谁写的吗？

《三中赋》是校友周绍麟在110周年校庆时为母校创作的。

《三中赋》

10. 你知道南宁三中历任党委书记、党总支书记、
党支部书记、革委会主任都有谁吗?

姓　名	任　　期	备　注
刘德禄	1951 年至 1955 年 2 月	党支部书记
李厚德	1955 年至 1956 年 6 月	党支部书记
钟碧秋	1956 年至 1957 年	党支部书记
彤雪新	1958 年	党支部书记
陈传家	1959 年至 1962 年	党支部书记
钟碧秋	1963 年至 1964 年	党支部书记
张树森	1964 年至 1968 年	党支部书记
张树森	1968 年至 1971 年 4 月	革委会主任
樊国英	1971 年至 1974 年	革委会主任
卢昌雄	1974 年至 1978 年	革委会主任
陆志隆	1978 年 11 月 25 日至 1985 年 4 月	党支部书记
陆志隆	1985 年 4 月 17 日至 1999 年 3 月	党总支书记
曾沸潮	1999 年 3 月 2 日至 2008 年 6 月	党总支书记
黄河清	2008 年 11 月至 2015 年 2 月	党委书记
韦屏山	2015 年 2 月至 2021 年 2 月	党委书记
黄河清	2021 年 2 月至 2023 年 1 月	党委书记
韦　坚	2023 年 3 月至今	党委书记

姓　名	任　期	当年校名
余镜清	1897 年	南宁乌龙寺讲堂
盛容之	1898 年	南宁乌龙寺讲堂
陆伯平	1906 年	南宁府中学堂
高一筹	1911 年	南宁府中学堂
雷钟棠	1912 年	南宁府中学校
雷沛鸿	1912 年	南宁府中学校
朱锡昂	1913 年	南宁中学校
吴　植	1914 年	南宁中学校
李唐弼	1915 年	南宁中学校
杭玉华	1917 年	广西省立第一中学校
陈勉恕	1920 年	广西省立第一中学校
雷荣甲	1921 年	广西省立第一中学校
莫乃涓	1923 年	广西省立第一中学校
杭维斌	1924 年	广西省立第一中学校
谢起文	1925 年	广西省立第一中学校
陈勉恕	1925 年	广西省立第一中学校
雷天壮	1925 年	广西省立第一中学校
刘善继	1926 年	广西省立第一中学校

续表

姓　名	任　期	当年校名
叶光曼	1926 年	广西省立第一中学校
陈锡明	1926 年	广西省立第一中学校
雷荣柯	1929 年	广西省立第一中学
覃怀林	1930 年	广西省立第一中学
刘善继	1931 年	广西省立第一初级中学
陈宗岳	1934 年	广西省立第一初级中学
尹　治	1935 年	广西省立南宁初级中学
黄公健	1938 年	广西省立南宁初级中学
唐自我	1940 年	广西省立南宁初级中学
林建勋	1941 年至 1945 年	广西省立南宁初级中学 广西省立南宁中学
甘怀侯	1931 年	广西省立第一高级中学
蒋培英	1931 年	广西省立第一高级中学
曾希颖	1934 年	广西省立南宁高级中学
雷荣柯	1935 年	广西省立南宁高级中学
蒋培英	1936 年	广西省立南宁高级中学
周天爵	1937 年 1 月至 1940 年	广西省立南宁高级中学
林增华	1941 年至 1943 年	广西省立南宁高级中学
林雪萍	1943 年至 1945 年	广西省立南宁高级中学

续表

姓　名	任　期	当年校名
艾毓华	1927 年	广西省立第三女子师范学校（指导员）
黄尚钦	1928 年至 1937 年	广西省立第三女子师范学校 广西省立第三中学 广西省立南宁女子中学
卢永铨	1938 年	广西省立南宁女子中学
雷升兆	1941 年至 1945 年	广西省立南宁女子中学 广西省立第一联合中学
林建勋	1945 年至 1946 年	广西省立第一联合中学
黄尚钦	1946 年至 1947 年	广西省立南宁初级中学
唐建祖	1947 年至 1949 年	邕宁中学、邕宁一中
刘震霖	1946 年 9 月至 1948 年	广西省立南宁高级中学
黄其芹	1948 年 9 月至 1949 年	广西省立南宁高级中学
刘运祯	1949 年至 1949 年 12 月	广西省立南宁高级中学
雷升兆	1946 年至 1949 年	广西省立南宁女子师范学校
钟丽坤	1949 年	广西省立南宁女子师范学校
方　管	1950 年至 1953 年	广西省南宁中学 广西省南宁高级中学
李　耿	1950 年至 1951 年	广西省南宁中学
岳　平	1953 年	广西省南宁高级中学
粟　稔	1954 年	广西省南宁高级中学

续表

姓名	任期	当年校名
方宏誉	1954 年至 1955 年	广西省南宁高级中学 广西南宁第三中学
莫自煜	1956 年至 1957 年	广西南宁第三中学
刘润贤	1957 年至 1958 年	广西南宁第三中学
罗克林	1958 年至 1959 年	广西南宁市第三中学
李厚德	1959 年至 1968 年	广西南宁市第三中学
张树森	1968 年至 1971 年 4 月	广西南宁市第三中学
樊国英	1971 年至 1974 年	广西南宁市第三中学
卢昌雄	1974 年至 1978 年	广西南宁市第三中学
冯宗异	1978 年 11 月至 1981 年	广西南宁市第三中学
林恩材	1981 年至 1984 年	广西南宁市第三中学
洪中信	1984 年至 1997 年	广西南宁市第三中学
邓 敏	1997 年至 2001 年 1 月	广西南宁市第三中学
方洁玲	2001 年 1 月 至 2012 年 6 月	广西南宁市第三中学
黄幼岩	2012 年 6 月 至 2015 年 2 月	广西南宁市第三中学
黄河清	2015 年 2 月 至 2021 年 2 月	广西南宁市第三中学
韦屏山	2021 年 2 月 至今	广西南宁市第三中学

政治、军事界

甘　苦（全国人大常委会副委员长）

朱锡昂（1913年任南宁中学校校长）

李兆昆（南宁市公安局缉毒大队原政委）

陆继锋（广西军区第一位联合国军事观察员）

林　敏（南宁市委宣传部原副部长，1944年考入南宁高中）

荣其光（原广西壮族自治区林业厅副厅长）

莫文骅（东北野战军第四十一军政委，开国中将）

雷天壮（1927年4月牺牲的广西省立第一中学校师生之一）

雷经天（百色起义领导人之一）

学术、科技界

于维栋（原中共中央办公厅调研室副主任，中国高科技产业化
　　　研究会原副理事长）

方启兹（现代兵器设计师）

邓仲端（我国著名病理学专家，同济医科大学博士导师）

叶守泽（国内外知名的水文学专家，武汉水利电力学院原教授、副院长）

刘钊寰（全国化工优秀设计师）

李京文（中国社会科学院数量经济技术经济研究所原所长，经济学家及管理学家，中国工程院原院士）

李　浪（广西医科大学第一附属医院原副院长，广西心血管病研究所原副所长兼导管手术室主任，中国医师奖获奖者）

吴公治（美国航天部总工程师）

陆穗芬（海洋鱼类学女研究员）

陈应麟（上海交通大学自动化系任教授）

林映晞（旅美华人女科学家，哈佛大学物理学博士）

罗应雄（中国高能物理及对撞器专家）

周寿增（电磁及国家重点新材料专家）

黄大斌（南京军区总医院正军级医学专家）

黄增庆（广西第一位考古研究员）

麻晓娟（普林斯顿计算机博士，华为诺亚方舟实验室研究员）

梁　徐（儿科血液病学家，地中海贫血专家，博士研究生导师）

彭民璋（广西职业技术学院原院长）

曾文星（原子能及核能专家）

曾定尹（医学专家，原卫生部心血管病防治研究中心专家委员、中华医学会心血管病分会常委、冠心病与动脉粥样硬化专业组组长）

廖少英（火箭、宇航专家）

文化界

方　管（笔名舒芜，文艺评论家，1950年至1953年任广西省南宁中学校长）

任　桂（书画家）

杜　辉（书画家）

李　冯（作家、编剧、导演，"广西文坛三剑客"之一）

李德伦（音乐指挥家）

陈伟熙（电影音乐指挥家）

陈传熙（著名音乐指挥家）

陈国斌（广西书画院副院长兼秘书长，中国书法家协会会员，中国书法家协会篆刻委员会委员，中国书法界"广西现象"的代表人物之一）

周榕林（高级工艺美术师，中国书法家协会会员，广西文史研究馆馆员）

唐步坚（广西医科大学原校长，国家级有突出贡献中青年专家，享受国务院政府特殊津贴专家）

靳　宁（著名微雕大师，1997年获中央广播电视台艺术类东方之子称号）

雷沛鸿（教育家，1912年任南宁府中学校校长）

其他领域

张章煌（曾被评为全国应急管理系统先进工作者、全国119消防先进个人、全国十大杰出消防卫士）

蒙　培（美国海洋石油贸易公司原总裁、美国美因公司总裁，世界广西同乡会永远名誉会长、美国广西同乡会永远名誉会长）

13. 你知道南宁三中校内现存最老的建筑是什么时候建的吗？

旧校史馆，1954年开建，1955年迁校过来时的首批校园建筑。

14. 你知道南宁三中什么时候开始集团化办学，什么时候挂牌成立教育集团吗？

2016年南宁三中开始集团化办学，相继开办五象校区、初中部青秀校区、初中部五象校区。2021年12月28日，南宁市第三中学教育集团正式挂牌成立。2022年底，集团新增的初中部江南校区挂牌成立。

15. 你知道南宁三中5个校区的面积分别是多少吗?

南宁三中面积最大的是青山校区。

青山校区，168400.65平方米。

五象校区，166856.03平方米。

初中部青秀校区，103610.64平方米。

初中部五象校区，47284.94平方米。

初中部江南校区，79419.74平方米。

16. 你知道南宁三中都有哪些广西教学名师、特级教师和正高级教师吗?

广西教学名师：

李　杰、杨小菊、梁惠红、魏述涛

特级教师：

王强芳、韦国亮、韦屏山、贝伟浩、李　杰、李荣权、杨小菊、吴　红、张小华、莫怡祥、徐永霞、梁东旺、梁惠红、梁　毅、蓝　玉、廖丹萍、魏述涛

正高级教师：

马汉阳、王祥斌、韦　坚、韦国亮、贝伟浩、毛秀英、李　杰、李荣权、杨小菊、吴　红、张小华、陈传来、梁东旺、梁惠红、蓝　玉、廖丹萍、魏述涛

教师画像：三恒（达成守业）

恒正——恪守正道，坚持科学育人

恒变——勇于变革，坚持创新教学

恒仁——仁爱之心，坚持温暖育人

学生画像：三守（达成守学）

守时——把握发展时机，增强时间观念

守礼——恪守准则，遵守礼仪

守义——爱国爱校，坚守道义

班主任画像：三笃（达成守责）

笃爱——真爱为本，仁厚爱生

笃敏——敏锐智慧，择善践行

笃勤——勤勉不懈，诲人不倦

职工画像：三谨（达成守职）

谨温——谨慎温厚，平易近人

谨微——注重细节，精专细致

谨实——恪尽职守，实诚实干

青山校区社团：

校团委	IT 协会
学生会	01 社
国旗班	乒乓球社
电视台	生命科学研究所
音乐社	演讲社
志愿者团	数学社
排球社	井盖协会
记者团	街球社
足球社	魔术社
文学社	心理协会
粤语社	法制协会
财商社	图书馆活动中心
化晶社	羽毛球社
摄影协会	书画协会
广播站	英语社
舞社	格斗社
滑板社	模拟联合国
动漫社	魔方社
轮滑社	天文社
古风社	社会主义核心价值观研究所

五象校区社团：

学生会	心理协会	推理社
光电中心	辩论社	棋牌社
志愿者团	音乐社	篮球社
国旗班	摄影协会	羽毛球社
军事社	国风社	足球社
文学社	动漫社	滑板社
社会主义核心价值观社	锦剧社	轮滑社
英语社	书法社	网球社
财商社	PD 舞社	乒乓球社
化晶社	美食社	健身社
中医药文化社	电竞社	棒球社
物理社	猫社	GT 协会
IT 协会	种养社	奇思协会
文渊阁	魔方社	创造营

初中部青秀校区社团：

足球社	远志中医药协会	舞蹈社
排球社机器人社	国旗护卫队	青采文学社
创意编程社	篮球社	数学社
C++ 编程社	青隐书画社	创新社
花样跳绳社	学生会	礼仪队
青青科研社	羽毛球	飞盘社
MINI 街舞社	民乐坊	物理社
菁音合唱团	广播站	美术组
学生管理团队	青心心理社	乒乓球社
化晶社	星熠剧社	
Pop 音乐社	菁茂史社	

初中部五象校区社团：

国旗护卫队	新篁民乐团	智创社
学生会	新篁合唱团	心心向荣社
大队委	墨趣书法社	心悦诚符社
礼仪队	机器人社	篮球制霸社
真·爱之声广播站	脉动社	旋风乒乓球社
甘棠文学社	同心圆社	Vot 啦啦操俱乐部
口述历史社团	Wonderland	排球社
律政风云社	环球社	

1

三中之魂
——青山校区

校区简介

　　南宁市第三中学教育集团（青山校区）承袭南宁市第三中学的发展历史。学校位于南宁市青秀区青山路5号，1954年由南宁市经文街迁至现址，占地面积275亩。截至2022年秋季学期，学校共有66个教学班，在校生3399多人，在职教职工300人。

　　青山校区办学条件优越，环境优美。学校坐落在美丽的青秀山脚，旖旎的南湖之滨，周边山明水秀、交通便利。校内绿树成荫、环境幽雅，拥有一流的教学楼、图书馆、科学艺术楼、体育馆、学生公寓、学生食堂等教育教学和生活设施，标准的田径运动场、游泳池、网球场、健身房，现代化的心理健康教育研究与指导中心以及四大主题园、中心花园、休闲广场。

　　青山校区作为南宁市第三中学教育集团

的本部校区，师资力量雄厚，教育教学成绩显著，持续带领整个南宁三中教育集团以高品质建设的发展思路，继续深化教育教学改革，把南宁三中建设成为全国高品质发展的示范校、全面育人的优质校，为广西基础教育发展作出更大的贡献。

青山校区方位图

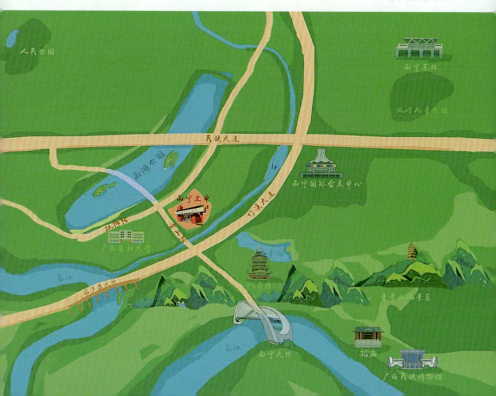

青山校区手绘地图

1. 教研组

　　南宁三中青山校区语文教研组曾荣获南宁市先进集体、南宁市课改先进集体称号。青山校区语文教研组现有教师 37 人，其中正高级教师 3 人、高级教师 18 人，广西教学名师 1 人，特级教师 3 人，自治区优秀班主任 3 人，南宁市教坛明星 2 人，南宁市优秀教师 5 人，南宁市学科带头人、教学骨干 23 人。24 人次在全国、广西、南宁市各类赛课中获一等奖。

　　语文教研组注重学科教研，每学期定期开展主题教研、联合教研活动。近 10 年来，组内教师主持完成自治区级、市级课题 21

青山校区语文教研组

项，教师课题参研率为 94.5%，教学成果《高中语文"读写共构"教学策略研究与实践》获 2019 年广西基础教育自治区级教学成果特等等次。截至 2023 年，语文教研组有南宁市特级教师工作室 2 个、南宁市名班主任工作室 2 个，在全市、全广西发挥着良好的辐射引领作用。

教研促教学，教师快速成长，教学成效显著。南宁三中青山校区历年高考语文单科平均分稳居广西前茅。

语文教研组注重通过特色语文活动提升学生语文核心素养，活动内容丰富，"节令习俗插播"、飞花令、硬笔书法等级考核、班级自创春联评比、汉字听写大赛、古诗文诵读活动、文化常识一站到底、跨年灯谜、校园实景文化讲座、课本剧排演、原创小说比赛等丰富多彩的语文活动深受学生喜爱。

青山校区数学教研组

　　南宁三中青山校区数学教研组秉承学校"真·爱"教育的办学思想和"德育为先,文理并重,崇尚一流"的办学特色,坚持教学工作规范化、常规管理制度化、教育科研常态化的教学思路,以时任校党委书记黄河清提出的"问题导学"教学法为引导,探索新的课程改革;以广西数学学科课程基地为依托,围绕建设科学合理的课程体系、规范高效地开展课程教学、促进教师专业化发展和学生全面且有个性成长的建设纲领,开设丰富多样的校本选修课程,建立了数学实验室,引导学生高效学习,带动教师专业化成长。

数学教研组拥有王强芳等一批教育教学名师，一批青年教师多次获得全国、广西和南宁市数学优质课比赛一等奖，一批教师获得南宁市教坛明星、南宁市学科带头人、南宁市教学骨干等荣誉称号。近年来，数学教研组奥林匹克竞赛（简称奥赛）团队带领学生在全国高中数学联赛中获得全国数学奥赛决赛金牌3枚、银牌18枚，每年获省（自治区）级比赛一等奖的人数领跑广西。

数学教研组秉持"问题即课题，教学即教研"的理念，以"问题"为靶向，聚焦课改前沿问题，根据数学学科特点，开展数学高效课堂研究。近年来，数学教研组成员共主持国家级、自治区级、市级和校级科研课题共28项，荣获国家级、自治区级和市级基础教育教学成果奖共6项，发表教育教学论文百余篇。

青山校区英语教研组

　　南宁三中青山校区英语教研组是优秀的团队，曾获全国先进教研组、南宁市先进集体称号；多名教师获全国、广西、南宁市优秀教师称号。青山校区英语教研组现有教师 35 名，其中正高级教师 1 人、高级教师 12 人，广西教学名师 1 人，特级教师 2 人，南宁市教坛明星 1 人，南宁市学科带头人 7 人、南宁市教学骨干 14 人。

　　英语教研组立足于"立德树人"的教学目标，将语言、文化和思维有机地融合起来，为实现学科育人构建具体可行的学科目标，培养学生的语言能力、文化意识、思维品质和学习能力四大英语学科核心素养。主要教学设计特色有基于主题语境课程的教学设计、单元一体化教学设计和高阶思维阅读教学设计。

英语教研组的特色是"讨论—学习—讨论—反思—总结",以科研促教研。近年来,英语教研组多人次荣获国家级、自治区级、市级英语优质课比赛一等奖,教学成绩显著。近5年来,英语教研组获得自治区级、市级教学成果奖2项,主持且结题国家级课题1项、自治区级课题2项、市级课题8项。其中,《多媒体在英语语法教学中应用》获国家级课题一等奖。英语教研组教师发表论文60余篇。南宁三中青山校区高考英语平均分位列广西前茅;2008—2022年,南宁三中青山校区近60人次夺高考英语单科满分。

青山校区物理教研组

　　南宁三中青山校区物理教研组是一个名师荟萃、实力超强、团结上进的优秀集体。物理教研组现有教师 28 人，其中正高级教师 1 人、高级教师 16 人、一级教师 9 人，新毕业教师 1 人，具备硕士研究生学历 10 人。在学校"真·爱"教育的办学思想引领下，物理教研组崇尚一流，追求卓越，先后有多名教师获得国家级、自治区级、市级各项荣誉，其中享受国务院政府特殊津贴专家 1 人，广西基础教育名师 1 人，广西二等功臣 1 人，特级教师 1 人，广西招生考试院特聘专家 1 人，广西园丁工程培养对象 3 人，南宁市教坛明星 1 人，南宁市学科带头人 6 人，南宁市教学骨干 12 人，南宁师范大学特聘硕士研究生导师 2 人，南宁市首批新课程新教材使用教学指导专家 2 人，市级以上教学技能大赛获奖 25 人（国家级 5 人、自治区级 7 人、市级 13 人），全国中学生物理竞赛优秀指导教师 28 人，校级优秀教师和先进工作者 28 人。

物理教研组坚持每周集体备课，发扬"敬业、爱生、合作、创新"的作风，以生为本，立足高效课堂，培养学生的物理思维、科学探究能力和创新能力，围绕提升学生物理学科核心素养展开教学，积极探索高效育人模式。坚持以研促教，多项自治区级、市级课题结题或在研，多篇论文在国家级、自治区级刊物上发表。注重辐射引领，每学期有 10 名以上教师作为专家到区内其他学校举办学术交流讲座或上公开示范课，绝大部分教师具有一年以上支教帮扶经历。

物理教研组注重搭建教师发展平台，助力年轻教师迅速成长。在全组教师的共同努力下，物理教研组取得了丰硕的教育教学成果。物理高考成绩领军广西：近年来，青山校区物理高考平均分在全区名列前茅，每年都有物理最高分。物理奥赛成绩引领八桂：青山校区每年有 4—7 名学生进入广西代表队参加全国决赛，累计获奖人数在全区遥遥领先，其中蒋岱兵同学勇摘全国物理奥赛 2023 年榜眼并入选第 53 届国际物理奥林匹克竞赛中国国家队。物理教研组被评为南宁工人先锋号，多次被学校评为优秀教研组。

青山校区化学教研组

　　南宁三中青山校区化学教研组现有教师 23 人，其中正高级教师 2 人，特级教师 2 人，广西优秀班主任 1 人，南宁市优秀青年专业技术人才 1 人，南宁市培养新世纪学术和技术带头人培养人选 2 人，南宁市高层次人才 E 类人才 2 人，南宁市学科带头人 4 人，南宁市教学骨干 15 人，南宁市优秀班主任和优秀教师 3 人，南宁市"我最喜爱的老师" 2 人。2018 年，化学教研组获得南宁工人先锋岗称号；2020 年，获评自治区普通高中化学学科课程建设基地，建成高端实验室 1 间、现代化数字实验室 1 间。连续多年荣获全国化学奥赛初赛组织贡献奖和广西化学奥赛优秀组织奖。2021 年，1 人获中国化学会化学基础教育奖，1 人受聘首届自治区基础教育教学指导委员会委员，2 人受聘首届南宁市普通高中新课程新教材实施化学学科教学指导专家。

化学教研组搭建了"基地讲堂"和"研教课堂"两大体系，构建了指向学生"真思维"的"双环"课堂教学模式、高中化学教学"三实融合"教学模式、"三阶递进 六维促学"导向深度学习的教学模式、基于创新性思维培养的"三维耦合"育人模式等模式，促进了学生的思维提升，实现了核心素养的落地与拔尖人才的培养。

近 3 年来，化学教研组获国家级优质课奖 2 人次，自治区级优质课一等奖 5 人次，市级优质课一等奖 4 人次；举办公开课 120 余场，讲座百余场。2008 年至今，获化学竞赛自治区级一等奖 160 余人次，获得 3 金 19 银 19 铜。

化学教研组以"课题、课程、课堂"为推手，聚焦课题，开发课程，立足课堂，把研究变成成果，提高教师研究水平，打造化学学科科研示范品牌。获基础教育国家级教学成果奖 3 项，广西基础教育自治区级教学成果奖 7 项，其中特等奖 1 项、一等奖 5 项、三等奖 1 项。

化学教研组经过全体教师多年的努力，成为"学术引领，温暖育人"的教研组。

青山校区生物教研组

南宁三中青山校区生物教研组现有教师18人，其中正高级教师1人、高级教师8人，广西教学名师1人，特级教师1人，南宁市教坛明星1人，南宁市学科带头人6人，南宁市教学骨干10人，多人次在全国、广西、南宁市各类赛课和教学成果评比中荣获一等奖。

生物教研组教师队伍老中青结合，以年富力强的中年教师和富有活力的年轻教师为主，在魏述涛等经验丰富的老教师引领下，团结一致，奋发进取。教师们主动认真研究新教材、新高考，积极相互听课交流，精诚合作，教学成绩突出，青山校区历年高考生物成绩均位列广西前茅，并有多名学生曾在高考中获得单科满分。组内还有奥赛教练3人，专业能力突出，竞赛工作经验丰富，指导学生参加生物竞赛成绩突出，近10年来已获得3枚金牌、5枚银牌。

生物教研组鼓励教师积极参与科研，老教师在其中起到了表率和引领作用。在他们的示范和指导下，近10年来组内超过1/3的教师主持完成了多项自治区级、市级课题，其中不乏青年教师，其他教师也作为各项课题的成员参与了研究。

生物教研组具有注重青年教师培养的优良传统，给每一位青年教师配备导师，通过日常推门听课、校内公开课、教学技能比赛、鼓励申报微型课题等多种形式帮助青年教师迅速成长，效果显著。

青山校区拥有设备先进、配套完善的生物奥赛实验室和组培实验室各一间。依托良好的硬件，生物教研组开展了一系列的生物教师实验技能培训，使教师们可以独立完成高中新教材涉及的全部实验以及部分竞赛水平的实验。

青山校区政治教研组

南宁三中青山校区政治教研组是一支师德师风纯正、师资梯队合理、学术氛围浓厚、专业水平精湛的优秀团队。政治教研组现有教师13人，其中高级教师6名，南宁市学科带头人5人，南宁市教学骨干4人，南宁市思想政治学科中心组成员4人，首届新课程新教材实施政治学科指导专家2人，多名教师先后获得南宁三中"我最喜爱的教师"、"我最喜爱的班主任"、"优秀科研工作者"和"优秀共产党员"荣誉称号。

政治教研组学习贯彻新课程改革的基本理念，坚持以德育为核心，以课堂教学改革和校本教研为工作重点，以教育科研为手段，加强自我学习，遵循德育规律和学生认知规律，探索出"知、信、行"的教育教学模式，将课堂教学逐步深化，把育人目标层层推进，培养学生的创新精神和实践能力，有效实现了思政学科核心素养的教学目标和立德树人的教育目标，充分发挥思想政治课的德育功能。

政治教研组教学和科研硕果累累，多人获国家级、自治区级和市级各类教学比赛一等奖；获广西基础教育自治区级教学成果一等奖 1 项、二等奖 2 项和三等奖 2 项，获南宁市基础教育教学成果一等奖 3 项和二等奖 2 项；目前有自治区级和市级规划课题 3 项；编写的 2 本地方教材——《我班有个理论家：高中版》和《法治教育》（一年级至九年级）均荣获广西第十七次社会科学优秀成果奖评选著作类三等奖；编写了多个校本课程；在国家级和省（自治区）级刊物上发表论文多篇。

青山校区历史教研组

　　南宁三中青山校区历史教研组是一支在区内外颇具影响力的团队，曾获评广西优秀教研组、南宁市普通高中新课程新教材实施历史学科基地、南宁市优秀教研组。历史教研组现有教师10人，其中正高级教师1人、高级教师7人，特级教师1人，南宁市学科带头人、教学骨干9人，20人次在国家级、自治区级、市级各类教学比赛中荣获一等奖。

　　扎实基础，以研促教。历史教研组深耕高中历史统编教材使用，围绕大单元大概念教学、初高中衔接教学等研究，经多年沉淀、积累，成果丰硕。近5年来，在历史教研组的集体努力下，南宁三中青山校区高考历史平均分在广西名列前茅，高考备考经验被广泛推荐。先后获南宁市教学成果1项，主持或参与自治区级、市级课题30项，发表论文60余篇。

向史求真，以史育人。多年来，历史教研组致力于践行"史料研读规范化、历史课堂实证化、实践活动项目化"，融通课堂学习与课外实践活动，让学生通过课堂学习与课外"历史研学、历史研究性学习、史学访谈"项目式学习，探寻中国故事、讲好中国故事、传播中国故事。学生参与的广西中学生中华优秀传统文化记录征集活动获奖1000多份，撰写报告2000多个。

开放交流，责任担当。历史教研组教师先后面向全国、自治区等教育界同人开展同课异构、公开汇报课、专题讲座等多场教学研讨活动；历史教研组教师积极赴百色、河池、贵港等地开展教学帮扶示范课200多节、学生专题讲座150余场；先后被《历史教学》杂志、广西新闻网等刊物、网站专题报道。

青山校区地理教研组

　　"地"承宇宙奥秘，"理"蕴人文自然！南宁三中青山校区地理教研组现有教师11人，其中正高级教师1人、高级教师3人，南宁市学科带头人2人，南宁市教学骨干2人。

　　地理教研组传承南宁三中"保国爱生，求真向善"的优良传统和"真·爱"教育的办学思想，围绕"真·品格"、"真·实践"、"爱·科学"和"爱·家国"4个核心，以"学生为主体、学习为主线、深度体验生成核心素养"为出发点，致力于构建全面而系统的地理学科育人体系——"四核三力三路"校本化地理学科育人体系。

地理教研组作为广西普通高中地理学科基地，开发了丰富的教育教学资源，形成理论指导实践，学生地理素养提升，教师教研成果丰硕，育人成效显著，受到学生、家长、社会的广泛认可，在区内外起辐射引领作用。地理教研组获南宁市教育教学成果特等奖、广西优秀教研组称号；组内教师在自治区级、市级优质课和教师基本功大赛等专业竞赛中获得优异成绩。近年来，地理教研组教师参与主持自治区级课题 5 项、市级课题多项，在《中学地理教学参考》《地理教育》等专业期刊发表论文多篇，出版多部相关论著。

青山校区体育教研组

南宁三中青山校区体育教研组是南宁市先进教研组，是一个团结、向上的团队。体育教研组现有体育教师 13 人，其中高级教师 5 人、一级教师 2 人、二级教师 4 人，南宁市学科带头人 4 人，南宁市教学骨干 5 人。3 人获省部级荣誉称号，4 人获自治区级荣誉称号。

体育教研组教师团结合作，共同探索。坚持树立"健康第一"的教育理念，遵循学生身心发展规律，积极体现新课改精神，每年学校的运动会形成了陆上项目、水上项目和集体项目相结合的体育文化传统，深受学生欢迎。组内多位教师在参加国家级、自治区级、市级教学比赛中斩获佳绩，屡获一等奖。此外，多位教师在自治区、南宁市体育教师论文比赛中获一等奖，论文在省（自治区）级以上刊物发表。

在学校体育代表队的训练中，兢兢业业，刻苦钻研，南宁三中田径队、游泳队、足球队、气排球队、网球队在自治区级、市级比赛中多次获得第一名。多年来，在全体教师的共同努力下，南宁三中体育教育蓬勃发展，获得了一系列荣誉称号：2001—2004年度全国群众体育先进单位，全国体育传统项目学校，北京2008奥林匹克教育示范学校，全国贯彻《学校体育工作条例》先进单位，全国体育场馆对外开放先进单位。

青山校区心理教研组

南宁三中青山校区心理教研组是一个勇于创新、求真务实的优秀团队。现有专职心理教师3人，均为高中心理健康高级教师、南宁市教学骨干、国家二级心理咨询师。

心理教研组一直秉承南宁三中"真·爱"教育的办学理念，从学生的成长需求入手，立足于学生的身心发展特点，开设心理及生涯规划课程，开展常态化心理辅导，运用专业知识帮助学生解决成长中的心理困惑，并积极利用"5·25"心理活动周、10月心理健康活动月等契机开展形式多样、内容丰富的心育活动。心育工作的开展营造了良好的校园心理氛围，提升了学生的心理弹性，使学生身心得到和谐、健康的发展。

在努力完成各项教育教学工作的同时，心理教研组教师积极开展教学改革科学研究，主持和参与了多项自治区级和南宁市级科研课题，并结合学校学生学情，开发了多门心理及生涯校本课程。教师的多篇论文在省（自治区）级以上杂志发表。

经过十几年的积累和努力，南宁三中的心理健康教育工作取了一定成绩，校内心理辅导室先后被评为广西优秀心理辅导室、南宁市示范心理辅导室，2017 年南宁三中被自治区教育厅评为广西中小学心理健康教育特色学校。

青山校区艺术教研组

　　南宁三中青山校区艺术教研组是一支充满活力的队伍，教师之间相互学习，相互支持，彼此鼓励，共同分享经验，在合作中不断进步。全组现有教师4人，其中高级教师1人、一级教师2人、二级教师1人，南宁市新世纪学术与技术带头人1人，南宁市骨干教师1人，南宁三中"我最喜爱的教师"2人。创办了南宁三中高水平艺术团、合唱团。

　　组内教师曾多次在自治区级、市级优质课比赛，以及专业技能、论文比赛中获一等奖，多次指导学生在全国、全区、全市的艺术节比赛、民族器乐比赛，以及书法比赛等活动中荣获金奖。教师思维活跃，易于接受新的教育教学理念，敢于创新，具有丰富的教育教学经验，热爱自己的教学工作。"在探索中谋进取、在创新中求发展"是艺术教研组教师共同追求的目标。艺术教研组教师在教学中坚持"五育并举"教育理念，以"培养学生学习习惯，引导学生审美能力"为中心，围绕音乐、美术两个学科的共性，开展"学科合作教学模式"，开设多项艺术类模块课程，组织多项艺术类校本实践活动。艺术教研组认真进行学科科研，通过课题的研究，让组内每位教师成为研究者、实践者，努力营造科研氛围。艺术教研组以"教研强校，温暖育人"为指导，积极教研和总结，推进学校艺术教育高质量发展。组内教师主持参与多项自治区级、市级课题并结题，发表论文多篇。

艺术教研组培养了多名学生考入清华大学、中央美术学院、北京电影学院、上海戏剧学院、中国传媒大学、四川音乐学院、星海音乐学院、沈阳音乐学院、北京舞蹈学院、南京艺术学院等名校。

青山校区信息技术教研组

　　南宁三中青山校区信息技术教研组现有教师 4 人，其中高级教师 3 人、一级教师 1 人。信息技术教研组以全面提升学生信息素养为目标，秉承"以人为本，理论实践并重，全面育人"的教育理念，不断革新、完善学校的信息技术课程体系。

　　截至 2023 年底，信息技术教研组有南宁市学科带头人 1 人，南宁市教学骨干 3 人；荣获自治区级赛课一等奖 2 人次、二等奖 1 人次，南宁市级赛课一等奖 2 人次、二等奖 1 人次。组内教师主持完成自治区级课题 1 项、南宁市级课题 1 项、市级微型课题 1 项，公开发表论文 5 篇；指导学生参加信息学奥赛获分省赛区一等奖 75 人次，全国决赛银牌 5 枚、铜牌 14 枚。

青山校区通用技术教研组

南宁三中青山校区通用技术教研组是一支活力四射、勇于创新的优秀团队，由 2 名专职通用技术教师及 1 名专职劳动教育教师组成，其中 1 人是南宁市教学骨干、南宁市通用技术中心组成员、南宁市劳动教育中心组成员。教研组成员曾获基础教育自治区级教学成果二等奖、自治区中小学教师技能大赛一等奖、南宁市科技辅导员技能比赛特等奖，完成了"广西发明创造示范单位""发明专利服务能力提升""创建知识产权示范校　培育基础教育创新人才"等多项科技攻关课题。

　　全组教师认真钻研教材，在规范、高质地开展通用技术、劳动教育课程的同时，扎实提升实践技能，对机器人设计、开源电子开发、三维设计创作、无人机技术、VR 技术、结构力学等领域有深入研究，为推动学生创新素养的培养奠定了扎实的基础。组内教师指导学生获发明专利 2 项、实用新型专利 19 项，指导的学生多次在机器人世界锦标赛、青少年科技创新大赛等各类科创赛事中斩获佳绩。

2.行政

青山校区办公室

南宁三中青山校区办公室包括党委办公室（简称党办）和校长办公室（简称校办）。办公室主要负责学校党委会、校长办公会等重要会议的组织、协调，拟定会议议程、做好会议记录及会议决议的督办工作；学校重要公务活动的协调安排及服务保障工作；起草学校总体发展规划、综合性工作报告等重要文稿及拟定全校性的相关规章制度等工作；学校党政公文和来文（函、电）的处理及校主要领导工作日程的协调安排工作；学校保密工作的宣传教育、督导检查，保密委员会的日常工作；学校年度教育事业统计及党务、校务公开工作；学校党委、行政公章及校领导签名章等印章的管理使用工作；学校总值班安排、校园网相关信息更新工作；群众来信来访的接待、督办工作以及完成学校领导安排的其他工作。办公室从党、政、综合事务各个方面为全体师生提供服务。

青山校区教务处

南宁三中青山校区教务处是学校教学管理的职能部门，贯彻执行上级主管部门和学校教学方针，主要负责学校教学工作运行和管理、学生培养方案制订、教学建设与改革、教育质量监督与保障、教材建设、教学评优评奖以及招生等工作。

　　教务处是一个团结向上的集体，现有干事23人，负责组织教材征订、教学培训、教师和学生考试、学生档案的组建，负责教研组和备课组工作，以及教师教学评价和奖励工作，负责课堂、教案、作业等教学常规检查和相关管理工作，负责高中教学网络平台教务平台与图书室、实验室管理、文印管理等。分设教务办公室、实验室、信息管理中心、图书馆、器材管理科等5个科室。教务人以"认真负责、善于创新、主动服务、乐于奉献"的工作精神和"有理想、有激情、有活力、有情怀"的工作作风竭诚为全体师生服务。教务处以"教学为本，育人至上"的工作理念为核心，落实教学质量建设、教师队伍建设、教研精神建设"三位一体"的教务文化建设，营造良好的育人环境，打造"学习型、研究型、创新型"的教务团队，营造"有思想、有温度"的教务团队管理氛围，努力推动教学管理的科学、规范和现代化进程。

青山校区政教处

　　南宁三中青山校区政教处在学校行政领导下，对全校学生实施日常思想政治教育和行政管理、安全管理。主要负责有计划、有组织地开展全校性的学生思想教育活动。开展经常性的法制纪律教育、安全稳定教育、新生入校教育、新生军训和毕业生教育。开展学生思想动态调查研究工作；组织和协调学生的日常管理和服务工作。组织和实施对学生的日常学习、生活、行为管理，指导学生组织开展各种有益的活动。组织、协调处理学生重大事件，做好学生奖惩工作。认真做好三好学生、优秀学生干部等评定审核工作。制定各项奖学金和荣誉称号的评比规定，制定学生违纪处分办法，进行学生违纪处分事件的审核工作；负责制定学生工作人员工作细则。具体负责协调班主任队伍建设工作，督促落实班主任待遇方面的有关政策，制定班主任工作办法，配合各专业做好班主任的选拔、培训、管理与考核；协调、指导全校学生心理教育与咨询工作。开展学生心理健康教育、心理测量、心理咨询、心理辅导、职业倾向测评、心理危机干预、心理健康调研和其他有关工作，建立学生心理健康档案；协调有关部门做好学生宿舍的内务管理、宿舍文化建设等工作，对学生宿舍管理达标的班级和文明宿舍进行评选表彰；组织开展全校家庭经济困难学生的认定工作，组织奖学金、助学金、有关资助工作，做好相关费用的分配、审批和上报工作；负责校学生会、团委等学生干部队伍建设；负责学校的创城安全保卫工作，管理学校物业；完成学校行政和上级有关部门交办的其他任务。

青山校区科研处

南宁三中青山校区科研处是学校科研管理的职能部门，负责学校科研相关事务及教师专业化发展的统筹规划、组织、管理和服务工作。下辖教师阅览室、心理健康教育研究与指导中心、创新实验室、信息技术中心。现有专职工作人员6人。主要负责科研课题管理、学术活动管理、科研成果评奖管理、科研经费管理、科研档案管理、日常公务管理以及积极完成校领导交办的其他任务，自觉当好校领导在学校发展规划的参谋和助手。

青山校区总务处

　　南宁三中青山校区总务处是学校负责后勤管理工作的职能部门，在校党委行政领导下，总务处主要承担学校财务管理及财务安全、食品保障及食品安全监管、固定资产实物管理、水电木维修管理、绿化美化校园及其他后勤管理工作，担负着决策咨询、制度制定、资源配置、组织实施、监管协调等管理职能。总务处努力构建与优质学校建设相匹配、与师生的全面发展需求相契合、与现代化教育制度体系相适应的一流后勤服务保障体系。学校食堂着力打造最有品质的饮食服务，着力提供学生劳动课程服务，提供多种师生喜爱的美食，"舌尖上的三中"成为南宁三中美好的福利，也是各届毕业生回校与教师共进美食的最好理由。

校园环境

校门

教学楼

教学楼

党史学习教育长廊实景

四大园区之国学园

四大园区之国学园

曲水流觞

四大园区之科学园

四大园区之艺术园

四大园区之思想园

逸夫体育馆

图书馆

办公大楼

游泳池

游泳池

科艺楼

校道

旧办公楼（旧校史馆）

第一食堂

天鹅

学生公寓

学生公寓

"真·爱"石

篮球场

朗读亭

厚德载物石

南宁高中更改校名启示石

以人为本石

金苹果

南宁三中标志

校友亭

南宁三中 110 周年校庆雕塑

自强不息石

双龙生物园

双龙生物园

双龙生物园

功能教室

高端实验室

物理高端实验室

化学高端实验室

信息高端实验室

生物高端实验室

科学楼实验室

科学楼实验室

创客活动室

红色书屋

精神谱系墙

党建活动室

阶梯教室

音乐教室

音乐教室

外出学习活动

研学活动

研学活动

红色教育活动

研学旅行

游学活动

研学旅行

主题活动

主题党日活动

升旗仪式

国旗下的讲话

合唱比赛

合唱比赛

教职工大会

真爱讲堂

真爱讲堂

2022年教师节庆典暨颁奖晚会

2022年教师节庆典暨颁奖晚会

2022 年教师节庆典暨颁奖晚会

2022 年教师节庆典暨颁奖晚会

2022 年教师节庆典暨颁奖晚会

2022 年教师节庆典暨颁奖晚会

南宁市第三中学党员先锋岗授牌仪式

中共南宁市第三中学委员会主题党日活动

黄河清书记给高一新生作"胸怀祖国 放眼世界"专题报告

韦屏山校长给高一新生作"心向阳光 自然生长"专题报告

高考送考

艺术展演

艺术展演

2021年南宁市高雅艺术进校园　广西交响乐团弦乐团专场音乐会

打篮球

学生拍照留念

成人礼

成人礼

泼水节

志愿者活动

跳大绳

高三专场音乐会

高三专场音乐会

职业生涯规划

课间操

军训

军训

　　美好不止于初见

新蕾艺术节

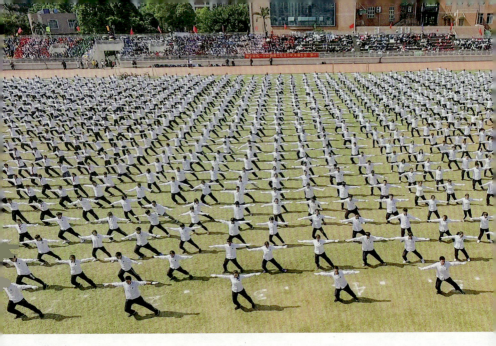

校运会

校运会

校运会

元旦通宵活动

元旦通宵活动

元旦通宵活动

社团招新

映瞳影像节

跑操

新生入学

新生入学教育

高三出征仪式

高三誓师大会

英语晚会

金莺辩论赛

毕业典礼

毕业典礼

2

三中之红
——五象校区

校区简介

五象校区是南宁三中的一个分校区，隶属于南宁三中，于2016年秋季学期建成并投入使用。南宁三中五象校区是全国百强学校、广西首批重点中学、广西首批示范性高中。学校依托南宁三中的优质教育品牌，秉承"真·爱"教育的办学思想、"敦品力学"的校训和"德育为先，文理并重，崇尚一流"的办学特色，结合五象新区实际，立足于高起点、高定位、高追求，确立了"打造广西最好校园，争做广西最优学子"的办学目标，致力于建设成为师资一流、管理一流、环境一流、质量一流的校区，与青山校区并驾齐驱、协同发展，铸就南宁教育的新辉煌。

学校位于五象新区良玉大道25号，校区总用地250.28亩，建筑面积96404平方米，总投资约5.8944亿元。学校建设有布局合理、设备齐全的教学楼、办公楼、图书馆、报告厅、科艺楼、体育馆、学生公寓、教师公寓、食堂等教学、生活配套设施，还有高标准的田径运动场、足球场、游泳池、篮球场、排球场等体育运动场所。学校办学规模为 81 个教学班，可招收学生 4050 名。目前，共有高中三个年级在校学生 3917 人，教职员工 278 人。

五象校区在办学上以培养中国特色社会主义事业建设者和接班人为宗旨，通过每次大型活动后集体高歌《歌唱祖国》、每周一次的国旗下的讲话等活动，培养学生"为中华民族伟大复兴而读书"的使命感。在课程建设上，积极建构以立德树人为价值导向、以核心素养为统领的课程体系，积极加强中华优秀传统文化教育。通过开展主题教育、社会实践、志愿服务、文艺体育等形式多样的活动，努力把学生培养成为具备人文底蕴、科学精神、责任担当和学会学习、健康生活、实践创新的全面发展而富有个性的人，实现育人模式由知识传授向培养学生核心素养转变。在办学近 6 年的时间里，共培养了 10 多名清华大学、北京大学学子，30 多人次获学科奥林匹克竞赛省（自治区）级赛区一等奖，2 人获全国学科奥林匹克竞赛铜牌。

五象校区的快速发展，将为南宁三中乃至南宁教育的发展镌刻上浓墨重彩的一笔。一个更为沉稳大气的南宁三中将携手千名教工、万名在校学子，以集团化发展的英姿迈向更灿烂辉煌的未来，承载南宁三中人新的梦想！

1.校门　2.艺术中心　3.种植园　4.实验楼　5.科艺楼　6.图书馆　7.阶梯教室
8.行政楼　9.滋兰园教学楼　10.润竹园教学楼　11.沁梅园教学楼　12.教师宿舍
13.新教师宿舍　14.食堂　15.体育馆、游泳馆　16.球场　17.女生宿舍　18.男生
宿舍　19.管理用房

师资力量

1. 教研组

语文教研组

南宁三中五象校区语文教研组教师总人数为43人，其中高级教师5人，南宁市学科带头人2人，南宁市教学骨干8人，15人在各级各类教学比赛中获奖。春风化"语"催桃李，"文"以载道尽芳菲。站三尺讲台，授孔孟老庄学问；握一支粉笔，传李杜韩柳诗文。品明月，叙情怀，吟诗作赋；沐清风，讲人生，谈古论今。五象校区语文教研组，俊彦辈出，既有经验丰富、久耕杏坛的名师专家，也有名校毕业、崭露头角的教坛新秀，更有精耕细作、成绩突出的中坚力量。这一支队伍，默默耕耘，务实求真；这一支队伍，用心教书，以情育人；这一支队伍，成绩斐然，荣誉等身。

朝携晨露，夜伴灯长；以我谆谆，使生昭昭。

谈笑晏晏，日月于征；雏鸟声清，激越昂扬。

既遇语文，云胡不归。既见君子，云胡不喜？

燃我华年，助尔成凰！

五象校区语文教研组

五象校区数学教研组

　　南宁三中五象校区数学教研组由 41 位老师组成，其中高级教师 14 人、一级教师 13 人、二级教师 14 人，南宁市学科带头人 6 人，南宁市教学骨干 14 人。年龄结构搭配合理，经验与朝气并存，是一个团结、奋进、务实、创新的工作团队。数学教研组秉承南宁三中"真·爱"教育的育人理念，实行分层教学，因材施教，全面落实立德树人的根本任务。

　　数学教研组定期开展集体备课，研讨氛围浓厚，教师们积极探索实践新时代下新教材的新教法，践行"问题导学"教学模式，逐步形成"以生为本""根＋空"等先进的教学理念。近5年来，先后有2位教师在全国高中青年数学教师优质课比赛中荣获一等奖，20余人次在市级以上优质课比赛中获奖。同时，数学教研组坚持以科研引领教学，以科研指导高考备考，近5年来组内老师在《数学通讯》《数学教学》等国内重点期刊发表论文120余篇，完成市级以上课题60余项，市级以上基础教育教学成果评比获奖2项，以强大深厚的科研底蕴为全面落实新时代育人育才的任务提供充分的保障。

五象校区英语教研组

　　南宁三中五象校区英语教研组是一个活力四射、积极奋进的教研组。英语教研组现有教师42人，其中高级教师8人、中级教师23人，南宁市学科带头人4人，南宁市教学骨干5人，广西优秀教师1人。

　　英语教研组是一个在教学中敬业奉献，在教研中探求发现，在协作中团结互助，在生活中欢乐友爱的专业教育团队。全组成员互帮互助、勇于担当、师徒结对、取长补短、共同提升。英语教研组每周定期开展教研活动。教研活动以教学为主线，通过多种形式展开，组内定期推出各类实验课、示范课、研究课，促进了青年教师快速成长；多位教师在南宁市优质课比赛，南宁市中小学青年教师教学技能大赛、优秀课例评选中获奖。聘请专家讲座，多感多悟，提升全组教师的教育教学理论水平，多位教师多次在国家级、自治区、市级期刊上发表论文，并参编多本教材及教学资料。英语教研组全体教师积极参与校本课程的开设，相对成熟的校本选修课程有"光阴的故事——二十四节气""英语新闻阅读"等。此外，英语教研组还开展丰富多彩的英语活动，如英文红色文创设计大赛、双语班歌比赛等。

五象校区物理教研组

判天地之美，析万物之理。南宁三中五象校区物理教研组是一支热爱教育事业、气氛和谐、团结互助、严谨治学、乐于奉献、创新高效的教师队伍。

物理教研组现有教师 29 人，其中正高级教师 1 人、副高级教师 6 人、一级教师 8 人、二级教师 11 人、新入职教师 3 人，硕士研究生或取得硕士学位教师 4 人，南宁市教学骨干 5 人，另有 2 人任学校中层干部。物理教研组教师有丰富的班主任管理经验，有 5 人所带班级曾获市级优秀班集体称号，5 人获得市级优秀班主任称号。

乘新一轮课改之风，依托南宁三中作为新课改国家示范校平台，物理教研组积极开展教研工作，并取得丰硕成果。论文方面，全组教师在国家级及省级刊物发表论文 10 余篇。课题方面，有 6 人主持市级课题并结题，多人参加自治区级及以上课题。赛课获奖方面，近年来，物理教研组教师获自治区级比赛一等奖 1 人、二等奖 1 人，获得市级奖项多人。此外，有 30 多篇论文、课件或课例在广西中学物理教育教学优秀成果评比中获奖。

物理教研组理念：敦品力学！让南宁三中更好！让南宁三中的每一个孩子更好！

五象校区化学教研组

　　"化"育万物，"学"无止境，南宁三中五象校区化学教研组是一支团结敬业、勤勉务实、积极进取的团队，团队共有教师30人，硕士研究生学历10人，其中高级职称10人、中级职称12人，自治区优秀教师3人，自治区优秀教育工作者2人，自治区首批课改专家组成员1人，南宁市学科带头人5人，南宁市教学骨干9人，南宁市人大代表1人，南宁市优秀教师4人，南宁市优秀班主任2人。化学教研组以"激发学化学兴趣，提高学化学能力"为目标，通过对教材的深入理解，对高考前沿动态的准确把握，对学生创新思维品质的精心打造，全方位培养学生的化学学科素养。化学教研组全体教师不忘初心，努力奋进，发扬化学教研组的优秀传统，用智慧演绎教学的精彩，用拼搏书写奉献的美丽，与学生一起享受课堂的快乐。

化学教研组教师年龄结构合理，专业知识扎实，精神面貌昂扬，不断超越自我，多人曾在全区优质课比赛、全区实验说课比赛、南宁市优质课比赛、南宁市教师技能大赛、南宁市实验说课比赛中获奖，并带领学生在自治区竞赛中取得金、银、铜牌，荣获竞赛金牌教练的称号。全组教师承担或参与自治区级、市级教育科研课题多项，在国家核心期刊发表论文多篇，做到人人搞科研，人人有课题，人人发论文。

组内名师用自己的优秀引领大家，众多脚踏实地、积极进取的青年骨干教师彼此信任，相互依靠，形成了堪比金刚石的"稳定结构"。而"结构决定性质"，正是这样的稳定结构，让他们不畏任何困难，勇往直前，无坚不摧，拥有了金刚石一般的璀璨。

五象校区生物教研组

　　《教师颂》有言："四度春风化绸缪，几番秋雨洗鸿沟；黑发积霜织日月，粉笔无言写春秋。"南宁三中五象校区生物教研组正是秉持奉献和博爱的精神，以课程核心素养为核心，坚持研读课标，践行课改，钻研业务，精益求精。在充分发掘学科教育教学特色的基础上不断创新，注重对学生思维能力、实验能力的培养，因材施教。坚持以学生为学习主体，发展素质教育。

　　生物教研组是个年轻的队伍，现有教师19

人，其中特级教师 1 人、高级教师 2 人，南宁市教学骨干 5 人，硕士研究生 7 人、在职硕士生 3 人。生物教研组是一个靠"韧"劲学习，靠"闯"劲实践，靠"恒"劲积累的团队。在"探究生命，倡导和谐；教学相长，师生共进"的团队文化引领下，他们如 DNA 双螺旋之团结，如酶促反应之高效，如不息生命之蓬勃。一直以来，生物教研组都在践行"立德树人"的使命，不断引导学生树立敬畏自然、尊重生命、健康生活的人生态度。

生物教研组全体教师团结协作，钻研理论，扎实研究学科知识，不断创新教学方法，竭力找准教学方向，积极改进教学方式，踊跃参加校本研修、课题申报、教育教学技能比赛等活动。组内每位教师都在不断学习中提升工作能力，力求将本职工作干得更出彩。

新的学年，新的征程，生物教研组全体教师将再接再厉，团结一致，以谦虚的态度、务实的精神、创新的思路，勤奋开拓，不断进取，力争在生物教育教学领域取得更大的突破。

五象校区政治教研组

　　南宁三中五象校区政治教研组是一支师德师风纯正、师资梯队合理、学术氛围浓厚、专业水平精湛的优秀团队。现有教师 16 人，其中高级教师3 人、一级教师 6 人、二级教师 6 人，本科学历达100%、研究生学历 5 人，南宁市思想政治学科带头人 1 人，南宁市骨干教师 5 人。

　　政治教研组教师团结合作、齐心协力，中年教师经验丰富、率先垂范，青年教师朝气蓬勃、虚心好学，形成了一种宽松和谐的教学氛围。在学校

"真·爱"教育的办学理念指引下，政治教研组坚持"求真、求实、求变、求进"的教学思想，抓住新课程改革的契机，以课堂教学研究和竞赛为突破口，形成了"以研促教，以赛促学，以教研促改"的良性循环，提高了课堂效率，促进了教师成长。

近年来，政治教研组内多名教师荣获自治区级、市级教学竞赛奖项，多篇论文在国家级、自治区级刊物发表，多次承担自治区级、市级示范课教学。"拔节育穗行使命，立德树人践初心。"政治教研组将坚守为党育人、为国育才的使命任务，奋力打造特色学科教研组，"教"以至诚，"研"以致远，坚守初心，做勇担使命的时代前行者；怀抱仁爱，做有为青年的成长引路人。

五象校区历史教研组

　　南宁三中五象校区历史教研组，在五象校区 2016 年开办时由南宁三中骨干教师创立，继承了南宁三中历史教研组"人文熏陶，以史育人；教研引领，注重启发；教学相长，个性发展"的优良传统。发展至今，历史教研组有教师 13 人，其中高级教师 3 人，南宁市学科带头人 2 人，成为在南宁市、广西乃至全国具有影响力的精英教师团队。

　　教研相长，成效显著。历史教研组将科研渗透日常教学，从教学实践中获取科研灵感，教学成果斐然。获得自治区级教学成果一等奖 1 次、南宁市二等奖 2 次、南宁市三等奖 1 次；培养的学生曾在高考中获广西历史单科第 2 名；主持各级各类课题 20 项，写作或参编专著 9 本；在自治区、南宁市各类历史教学技能比赛中分别获奖 5 次、6 次，其中获得自治区级一等奖 4 次、市级一等奖 6 次。

创新教学，学科育人。历史教研组探索形成了在历史教学中开展美育的一系列独特方式方法，呈现"美的历史课"；在历史教学中追求学科育人，在美的课堂中实现美育，实现学科育人和美育的协同育人。探索出独特的"三层五步"历史美育实施模式，引导学生在分析史料，解决历史问题的基础上，形成"感官美""逻辑美"再到"思想美"的美育路径。

个性发展，人文熏陶。历史教研组紧扣校情、学情，积极开发校本课程。现拥有校本课程两大类，备考专题课程帮助学生总结学习方法、摸清考试规律；人文拓展专题课程帮助学生开阔视野，陶冶情操，从利用校史馆、昆仑关战役纪念馆等特有的教学资源开展研学活动，不断提升学生学科核心素养。

五象校区地理教研组

南宁三中五象校区地理教研组共 15 人，其中研究生学历 10人，高级教师 3 人、一级教师 7 人，南宁市学科带头人 2 人，南宁市教学骨干 7 人，南宁市 E 类人才 1 人，南宁市优秀教师 1 人。地理教研组是一个务实、求真、团结、乐观、积极向上的集体，组内教师始终能刻苦钻研业务，不断自我学习提升，在论文撰写、课题研究、优质课和精品课展示上，取得优异的成绩，其中《高中地理"四核三力三路"学科育人创新实践》获得 2022 年南宁市教学成果特等奖。2020 年以来，地理教研组教师共获得自治区级课题立项 2 项，市级课题立项 2 项。在 2021 年南宁市优质课比赛中，获得一等奖 1 人、二等奖 2 人。地理教研组教学理念：精心教学，潜心育人，用发展的眼光来看待学生。

五象校区体育教研组

　　南宁三中五象校区体育教研组是一个富有活力、爱岗敬业、团结奋进、业务精良的教师团队。体育教研组现有教师12名，他们以帮助学生"享受乐趣、增强体质、健全人格、锤炼意志"为教育理念，不断学习，勇于创新。为丰富学生的体育生活，在传统体育课程的基础上，体育教研组开发了极限飞盘、软式棒垒球、触式橄榄球等现代体育项目的校本课程，并在课内外结合开展了"真·爱"主题的体育竞赛活动，激发学生参与体育运动的积极性，在使学生享受运动带来的乐趣的同时，为学校特色体育运动队的不断壮大奠定了坚实的基础。

　　体育教研组教师注重个人能力的发展和提升，经过自我努力和全组协作，在全区和南宁市优质课、青年教师教育基本功比赛、论文评比中屡获佳绩。体育教研组教师主持和互相参与的多项教学成果奖、市级微型课题均已结题并获得良好的等级。

五象校区通用技术教研组

　　南宁三中五象校区通用技术教研组是一个团结奋进、朝气蓬勃、充满活力的团队，主要承担通用技术教学工作，是一支专业素质过硬、责任心强的教师队伍。通用技术教研组现有教师 3 人。在工作中，组内教师秉持南宁三中的"真·爱"教育理念，保持严谨、创新的工作作风，完成了各项教学任务。通用技术教研组有专门的设计室、操作室和多媒体教室，并配备有各种各样的设备，如激光雕刻机、3D 打印机等。在普及通用技术的教育中，通用技术教研组坚持以教学为阵地，以科技创新等活动为载体，如校内科技节、GT 协会的活动，通过课堂授课和一些科技活动的开展，激发学生求知欲，培养学生对科学技术的兴趣，培育学生的科学素质、创新能力和实践能力，最终实现学生的全面发展。

五象校区信息技术教研组

南宁三中五象校区信息技术教研组是一个懂技术、会应用、善创新的团队。信息技术教研组以团结精进、朝气蓬勃的姿态，结合新课改理念和"先学后教"的教学模式，认真进行教育教学改革。信息技术教研组多次主动承办南宁市信息技术教研活动、全区新课程改革课例展示活动，将教研成果与同行分享交流。为提高学生动手能力、实际操作能力，每年组织学生参加各类科创竞赛活动，如全国信息素养提升实践活动、广西北部湾创客教育教学大赛等，并取得丰硕成果。信息技术教研组坚持以研促教，组内教师主持并参与多项自治区级、市级课题，在自治区级、市级课堂教学竞赛评比中获一等奖，并开发多门校本课程。信息技术教研组除完成基本教学任务之外，还协办校园科技文化节、组织教学教育评价、分析处理数据等。今后，信息技术教研组将以更饱满的热情，不断提高教育教学能力，为推动全校信息化建设、提升学生的科学素养与信息素养而不懈努力！

五象校区心理教研组

　　南宁三中五象校区心理教研组是一个富有活力、爱岗敬业、团结奋进、业务精良的教师团队。心理教研组现有教师 4 人，组内教师以帮助学生"关爱自己、健康成长"为教育理念，不断学习，勇于创新。课堂上，她们是幽默风趣的心理老师；生活中，她们又成了关怀同学的"知心姐姐"。为了加强学生的心理素质，在心理课堂之外，她们组织开展各种愉悦学生身心的心理健康活动，比如团体辅导活动、心理漫画活动、生涯探索活动等。这些活动的开展不仅让学生在课余时间放松身心，还能让学生在活动中探索自我，增加学生对自我的关怀，为学生健康成长保驾护航。

　　心理教研组教师注重个人能力的发展和提升，经过自我努力和全组协作，在全区和南宁市优质课、青年教师教育基本功比赛、论文评比中屡获佳绩。心理教研组教师主持和互相参与的多项教学成果获奖、自治区级和市级课题均已结题并获得良好的等级。

五象校区艺术教研组

　　南宁三中五象校区艺术教研组是一个充满活力、团结合作、积极进取的团队。艺术教研组以学生为根本，以审美为核心，以特色求发展，建立了"开拓创新，以人为本，走艺术特色之路"的科组发展目标，扎实开展艺术课程教学研究，负责合唱团日常训练并积极举办校园红歌赛、教师节颁奖晚会、新蕾文化艺术节、元旦通宵晚会系列活动、高三毕业专场音乐会、元旦美术作品展、体育文化节墙绘大赛、读书文化节书签绘制活动、元旦花灯展览等艺术实践活动。

2. 行政

南宁三中五象校区校办，伴随承载着南宁三中 120 多年历史文化积淀的南宁三中五象校区，于 2016 年 9 月成立。作为学校行政的综合办事机构，校办发挥着承上启下、协调左右、联系内外的枢纽作用，6 年多来紧紧围绕学校整体部署和中心工作，积极发挥领导的参谋助手、决策的督促检查、部门的综合协调等作用。校办由主管副校长 1 名、副主任 3 名、干事 3 名组成，全体人员秉承"规范、高效、执行力"的办事理念，脚踏实地、埋头苦干，重实际、说实话、办实事、求实效，为领导、校属各部门、广大师生员工提供高效、优质的服务。

五象校区校办

五象校区教务处

　　南宁三中五象校区教务处成立于 2016 年 9 月，6 年多来全心全意做好五象校区的教学管理工作。教务处是一支由主管副校长 1 名、主任 1 名、副主任 2 名、干事 5 名、图书管理员 5 名、实验员 7 名、网络中心管理员 4 名、体育器材管理员 1 名组成的强大队伍，是五象校区办学发展的中坚力量。教务处狠抓教学常规管理、指导备课组建设、组织教师评价，促进教师队伍的发展，努力做到"砥砺深耕，笃行致远"；主导招生工作、建立学生学籍，保障学生的学业水平提升；分管新高考改革，发挥教学先锋作用，精准备考，赓续辉煌；管理各功能室，举办体育运动会，建设好教学阵地，实现"五育"并举，以实干铸就佳绩，用奋斗开创未来！

五象校区政教处

南宁三中五象校区政教处成立于 2016 年 9 月，继承南宁三中125 年办学历史业已形成的"真·爱"教育的办学思想、"敦品力学"的校训以及"德育为先，文理并重，崇尚一流"的育人特色，坚持以习近平新时代中国特色社会主义思想铸魂育人，牢记为党育人、为国育才的初心使命，聚焦落实立德树人根本任务，强化育人阵地意识，注重基础实践创新，不断健全学校德育工作体系，努力促进学生德智体美劳全面发展。

政教处注重思想引领，确保德育工作方向正确。全面推动习近平新时代中国特色社会主义思想进入学校德育课程，利用红色经典诵读、红歌赛、革命精神主题班会等形式开发校本德育课程，激发学生爱国主义情感，涵养家国情怀。

政教处注重整体谋划，推动德育工作一体化建设。根据高一至高三不同学段学生的身心特点和认知能力，设计一系列以心理素养和道德素养为基础的德育活动，完善以研学、研究性学习、学生文体活动、德育实践活动、学生社团活动为载体的德育体系。

政教处注重突出实效，强化德育工作组织实施。依托信息技术手段，打造五象校区覆盖学生日常行为习惯、学风纪律、学业发展水平等方面的综合评价系统，并以此不断完善"全员育人"的德育工作模式；通过家访、家长学校、成立学生发展策略委员会等方式强化家校共育；积极引入社会资源，完善学校德育平台，开发多样的社会实践活动，不断完善"家庭—学校—社会"的德育网络。

政教处将继续开展新时代德育工作改革，创新德育模式，努力为学生全面发展构筑更高水平的平台。

五象校区科研处

南宁三中五象校区科研处是在学校领导下的科研管理职能部门，负责全校学科建设、教师发展、学生心理发展、教育科学研究及学术交流、成果总结推广等工作。科研处形成了一支由主管副校长1名、主任1名、副主任2名、行政干事2名、助理4名组成的队伍。科研处秉承南宁三中"真·爱"教育的办学理念，坚持科研引领、追求卓越、服务师生、提升品质的宗旨，为学校发展、教师成长、学生成才提供科研支持与策略指导。科研处带领教师们在不断拼搏与奋斗的过程中取得丰硕的教育科研成绩，助力学校品质教育不断提升，实现立德树人的教育目标。未来，科研处将不断创新、不断突破，为南宁三中教育增添光彩。

五象校区总务处

南宁三中五象校区总务处成立于 2016 年 9 月，始终秉承南宁三中"真·爱"教育办学思想，坚持"守望相助，温暖同行"的精神，全心全意做好五象校区的后勤保障工作。经过 6 年多的建设和发展，总务处形成了一支由主管副校长 1 名、主任 1 名、副主任 2 名、干事 4 名、食堂员工 78 名组成的强大队伍，成为五象校区发展的坚强后盾。总务处践行"始于服务，终于育人"的理念，坚持做校园环境的美容师，加强校园景观建设，营造浓厚的校园文化氛围，践行绿色发展，打造广西最美校园；坚持做校园安全的守护者，创新安全教育，营造校园安全氛围，用坚守与执着，实现校园安全管理；坚持做校园美食的制造者，创新开发"糕粽"、"橙材"和二十四节气食谱，创造最有意义的美食文化；坚持做实践课程的开发者，食育课程、劳动课程、种植课程齐头并进，创新实现服务育人。

校园环境

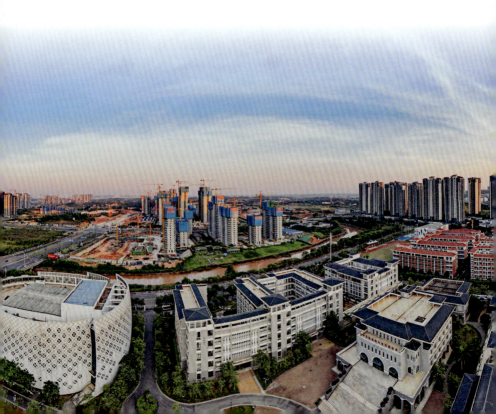

五象校区校园全景

美丽的五象校区

图书馆前象征知识殿堂的阶梯

实验楼

艺术中心

教学楼

科艺楼

端庄的学校大门

大气的图书馆

学生宿舍楼

五象晨光

三中与自然

梦想长廊

课间的校园

国旗下的青春

青春活力的球场

国旗与五象广场

敦品力学

功能教室

体育馆

阶梯教室

行政楼一楼会议室

学术报告厅

图书馆阅览室

特色活动

课本剧大赛

井冈巍巍　征途漫漫——学习井冈山精神主题班会

红歌赛

耕读园丰收节

元旦通宵晚会

新春祝贺

校运会主题活动

校运会开幕式

校园写生

五色糯米饭制作

军训会操

高三誓师大会

高考送考

读书文化节

成人礼

软式棒垒球课程

软式棒垒球课程

"迎接党的二十大，谱写人生三部曲"快闪活动

"致敬英雄 照亮未来"红色书屋主题活动

学科融合公开课"光阴的故事——二十四节气之谷雨 Grain Rain"

学科融合公开课"光阴的故事——二十四节气之谷雨 Grain Rain"

中国文化特色课堂——英语说重阳

中国文化特色课堂——英语说冬至

英语神话阅读

乡土文化融入政治课程

投石机制作

水火箭制作

每日跑操

乐器学习

劳动实践课程

课本剧大赛

科技节"生物细胞模型的构建"学生原创作品展

极限飞盘课程

地理研学

促进学生情绪智力提升的团辅活动

"我在未来等你"高三考前赋能主题班会课

GT 协会学生在教师指导下搭建机器人

GT 协会学生在教师指导下搭建机器人

"探索了不起的汉字"中英双语融合展示课

"探索了不起的汉字"中英双语融合展示课

3

三中之蔚
——初中部青秀校区

校区简介

　　南宁市第三中学初中部青秀校区位于铜鼓岭路 12 号，创建于 2016 年，由政府投入资金 5.55 亿元建成。初中部青秀校区占地面积 103610.64 平方米，总建筑面积 71250 平方米。校园依山而建，规划完整，布局合理，错落有致，环境优美。初中部青秀校区有教学楼 4 栋，科技楼 2 栋，行政楼、图书馆、体育馆、报告厅各 1 栋，标准运动场 1 座。现有教室 78 间，物理、化学、生物实验室共 15 间，仪器室 9 间；有在校学生 4009 名，教学班 78 个；有教职工 304 人（专任教师 266 人），其中有正高级职称教师 2 人、副高级职称教师 37 人、中级职称教师 112 人，特级教师 2 人（数据统计截至 2022 年 12 月 2 日）。

　　初中部青秀校区建校 6 年多来，全体师

生团结协作，艰苦奋斗，着力打造特色校园文化：一是秉承南宁三中"真·爱"教育的办学思想和"德育为先，文理并重，崇尚一流"的办学特色，谨遵"敦品力学"的校训，创建"精致课堂"的教学特色，努力提高教学质量；二是创建"科技创新"校园文化特色，自主开发了一系列校本课程，积极参与各类科技普及与社会服务活动，重点培养学生的创新精神和实践能力；三是全校开展"师生共读"活动，打造"书香校园"文化特色。

　　学校校风严谨，学风淳厚，始终走在新课改的前沿，以优质的教育品质、丰富多彩的教育教学活动，促进学生的全面发展。2019 年、2020 年、2021 年、2022 年连续四年获得南宁市教育局直属公办学校（校区）初中毕业班工作卓越学校（校区）荣誉，得到家长们的广泛赞誉，在社会上享有较高的声誉。初中部青秀校区立志成为一所传承名校基因、特色鲜明、品质卓越的南宁乃至广西的初中名校！

初中部青秀校区全景鸟瞰图

青秀校区手绘地图

1. 教研组

·语文教研组

初中部青秀校区语文教研组

南宁三中初中部青秀校区语文教研组是一支青春活泼、富有创新精神的队伍。语文教研组现有 47 名教师，其中副高级教师 5 人，南宁市学科带头人 2 人，南宁市教学骨干 10 人。语文教研组多次承担自治区级、市级主题研讨活动，多人在国家级、自治区级、市级教师技能比赛中荣获一等奖；科研氛围浓厚，全体教师参与各级课题研究，多篇论文发表在核心期刊。

初中部青秀校区数学教研组

　　"一花独放不是春，万紫千红春满园。"南宁三中初中部青秀校区数学教研组是一个教育理念新、教学业务精，全员求合作、共同谋发展的"生长型"教师队伍。"以学生为主体，重基础，激兴趣；以课堂为中心，重思维，求高效"，数学教研组秉持这样的教学理念，发扬优秀传统，兢兢业业，扎扎实实，带领学生用数学编写美丽的青春，用几何勾勒精彩的人生。

初中部青秀校区英语教研组

南宁三中初中部青秀校区英语教研组构建了"UHEI"教研模式开展教研组建设，组内有南宁市学科带头人、南宁市教学骨干、南宁市初中英语兼职教研员、南宁市初中英语学科中心组成员引领工作。教师们秉承南宁三中"真·爱"教育理念，以博大的胸怀和高尚的师德感染学生，以勤奋的工作和严谨的治学带动学生，参加各级各类教学竞赛并有多人获一等奖，还主持和参与各级课题。英语教研组是一个业务素质过硬、求真务实、团结奋进的教研团队。

初中部青秀校区物理教研组

　　南宁三中初中部青秀校区物理教研组是一支富有进取和创新精神的团队，目前有专职教师 17 人，其中南宁市学科带头人 2 人，南宁市教学骨干 5 人，硕士研究生学历 5 人。物理教研组依托学校的校本教研建设，重点打造教师的常规教学、校本特色课程开发和项目化学习三大能力。开发有初高中物理深度衔接北冥计划课程、物理课本背后的故事课程、项目化学习活动课程等多项校本课程。每位教师基于自身的专业基础和爱好，结合教研组的建设进行专业化发展，形成自身的教研优势和特色。

初中部青秀校区化学教研组

从跳动的分子原子，到浩瀚的星辰大海，从微观宏观的穿梭，到思维与实践的碰撞，南宁三中初中部青秀校区化学教研组就是这样一支充满活力、特色鲜明、综合素质高、科研能力强、勇于创新、深受学生喜爱的教研团队。

团队理念：朴实勤勉，敬业精业，做有温度的教育，做有幸福感的教育者。

初中部青秀校区道德与法治教研组

　　培根铸魂举旗帜，启智润心育新才。耕耘不辍践初心，春风化雨待花开。南宁三中初中部青秀校区道德与法治教研组现有教师 19 人，其中高级教师 4 人，南宁市学科带头人 1 人，南宁市教学骨干 3 人。道德与法治教研组不忘立德树人初心，牢记为党育人、为国育才使命，始终坚持"育人育心，立德铸魂"的教育理念。在"学、思、教、研"中探索"思政育人"之道，旗帜鲜明坚守思政课的政治本色，引导学生树立远大志向，涵养家国情怀，培养德智体美劳全面发展的社会主义事业建设者和接班人。

初中部青秀校区历史教研组

　　南宁三中初中部青秀校区历史教研组现有教师 20 人，其中正高级教师 2 人、高级教师 1 人，特级教师 2 人，研究生学历 7 人，南宁市教学骨干 5 人。历史教研组朝气蓬勃，坚持以科研带动教学，引领教师专业成长；始终面向全体学生，着眼于学生的个体发展。近年来，历史教研组教育教学成果丰硕，获得南宁市基础教育教学成果二等奖；多项自治区级、市级课题结题；组内青年教师多次在国家级、自治区级、市级优质课和教学技能评比中获得一等奖、二等奖。教育之路漫漫久远，此生当以热血奉献，是每一位初中部青秀校区历史教师为之努力和追求的目标。

初中部青秀校区地理教研组

　　"地"承宇宙奥秘，"理"蕴人文自然！这是带领学生们探索大千世界的南宁三中初中部青秀校区地理教研组。地理教研组共有 10 人，其中具有高级职称 2 人、中级职称 4 人，南宁市学科带头人 1 人，南宁市教学骨干 3 人。地理教研组以"真·爱"教育为本，始终秉持"兴趣就是最好的老师"的理念开启孩子们的地理启蒙之路。在学校带领下，地理教研组在教学、科研方面取得了优异的成绩，在自治区级、市级优质课和教师基本功大赛等专业竞赛中获得了优异成绩。近年来，地理教研组教师参与了自治区级教育科学规划课题，主持了市教育科学规划课题 2 项，在《中学地理教学参考》《地理教育》等专业期刊发表论文多篇。

初中部青秀校区生物教研组

南宁三中初中部青秀校区生物教研组是集美貌与智慧于一身的年轻队伍，乐于奉献，勤奋努力，锐意进取，有教学骨干，有德育精英，有班主任模范。生物教研组带领学生参加各类科技创新大赛获多个奖项，组内教师曾获全区青少年科技创新大赛一等奖，获全市优质课比赛一等奖、全区优秀论文评比一等奖，主持承担多个市级课题。

生物教研组秉承南宁三中"真·爱"教育的理念，细心呵护学生的好奇心，精心打造每一节课，用心营造妙趣横生的探究氛围。

倾听花开的声音，感受成长的力量，满怀幸福的期待，生物教研组将不忘初心，勇往直前！

初中部青秀校区体育教研组

南宁三中初中部青秀校区体育教研组是一个富有活力、积极乐观、业务精良的教师团队。体育教研组现有教师 18 人，专项领域设有田径、足球、篮球、排球、网球、羽毛球、乒乓球、飞盘、健美操等项目，能够满足多样化的体育教学内容。体育教研组始终以"健康第一"为指导思想，培养学生终身体育观念，促进学生个性发展。体育教研组教师具备精湛的业务能力，常年担任体育中考及各项裁判职务，其中谭立勇老师曾作为广西代表担任 2008 年奥运会田径裁判。体育教研组多次组织教师参加市级教学技能大赛及课题研究并获得奖项；在校内组建有田径、跳绳、羽毛球、足球等运动队，多次参加自治区级和市级比赛并取得优异的成绩，为国家培养了多名优秀的体育后备人才。

初中部青秀校区信息技术、心理、综合实践教研组

南宁三中初中部青秀校区信息技术、心理、综合实践教研组是一支由 12 位教师组成的娘子军团，包括信息技术组 5 人，心理组 6 人，综合实践组 1 人。她们团结一心，始终秉承南宁三中"真·爱"教育理念，践行"真·爱"教育。

信息技术组是一个积极向上、勇于创新的团队，追求教学理念创新、教学方式创新、课程内容创新，致力于培养科技创新人才的研究。

心理组是一个勇于探索、乐于奉献的团队，从学生发展需求出发，钻研心理健康教育教学工作，开展形式多样的心理活动，鼓励学生积极乐观面对生活。

综合实践组脚踏实地、一往无前，从学生感兴趣的主题出发，鼓励他们勇于实践、探究。

初中部青秀校区美术、音乐教研组

　　"与美同行　和乐共舞"音乐课程与美术课程是学校美育的两个重要组成部分。在音乐课堂上，能够让学生在充满快乐的氛围中感受音乐的魅力；在美术课堂上，能够把美关注在结构、色彩、造型等方面。作为传播美的使者，美术、音乐教研组教师们为学生积极搭建各类展示才华的平台，促进学生全面发展，引导学生发挥自主性、探究性与创新性的学习能力；教研组教师们倡导学生热爱艺术、热爱生活，培养学生从多个视角去体会世界的美好，从而发现美、创造美、传递美。

2. 行政

南宁三中初中部青秀校区办公室负责综合处理学校行政事务，协调全校的行政管理，促进学校各处室发挥整体效能。主要职责包括：综合处理学校行政事务；统筹、协调全校性规章制度的建设工作；负责行政会议的统筹、组织与记录，安排每周工作重点；负责教职工考勤考核、学校印章、机要文件和重要信件等管理工作。

办公室设主任、副主任、校办干事、文书专员、信息技术干事、计算机、多媒体与广播系统维护员等岗位。全体人员分工明确，团结协作，始终秉持脚踏实地、求真务实的工作作风，不断提高工作质量和水平，努力为全校师生提供高效、优质的服务。

初中部青秀校区办公室

初中部青秀校区教务处

　　南宁三中初中部青秀校区教务处设主任、副主任、干事、图书馆员、理化生实验员、器材管理员等岗位。主要负责学校的教学组织、课程设置、教研活动、排课调课、教材教辅征订发放、各类考试竞赛及成绩统计分析、学生学籍档案管理、书香校园建设、科技创新活动等工作。南宁三中初中部青秀校区教务人始终以"认真负责、善于创新、主动服务、乐于奉献"的工作精神，不断规范队伍建设，为学校深入开展教育教学改革保驾护航。

初中部青秀校区政教处

　　全员德育和衷共济，育人育德只争朝夕。南宁三中初中部青秀校区政教处坚持以立德树人为中心，以南宁三中"实践型德育模式"3.0为实践目标，凝聚成了敢闯敢拼、无私奉献的青秀政教德育团队。多年来，政教德育团队在学校领导的关心和指导下，在班主任培养、学生培养、防疫、创城、安全、共青团和少先队工作等方面积极作为，为创建蓬勃向上、文明和谐、安全有序的校园，培养品学兼优的南宁三中青秀学子贡献了德育力量。

初中部青秀校区科研处

　　南宁三中初中部青秀校区科研处是一个团结奋进、沉稳干练的团队。科研处不忘初心，为初中部青秀校区的教师专业发展尽心助力，为学校的课程建设出谋划策，为师生心理健康保驾护航。怀瑾握瑜思方略，碧水清漪自芬芳。科研处将唯实励新，勇毅笃行，为初中部青秀校区的发展贡献力量。

初中部青秀校区总务处

　　南宁三中初中部青秀校区总务处主要职能是负责学校国有资产入库、经费预决算管理、货物采购、土建改造、水电维修、食堂管理、绿化养护、节能减排等工作。总务处以"为教育教学提供优质服务"为工作宗旨，打造了一支务实、精干、高效的后勤管理队伍，勇于担当，勇挑重任，主动作为，积极为校园建设出谋划策、保驾护航，以一流的服务水平为学校发展提供有力的后勤保障。

校园环境

初中部青秀校区正大门

"真·爱"石

报告厅

图书馆

曲水流觞

田径场

教学楼

教学楼

文艺楼

行政楼

余晖下的校园

紫薇花缀满枝头

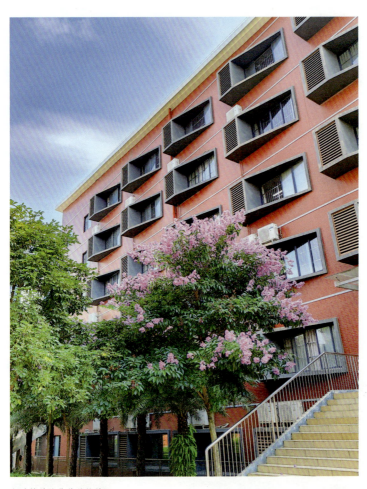

行政楼前的紫薇花绽放

党建活动室

团委活动室

108 会议室

少先队活动室

报告厅

图书馆

阶梯教室

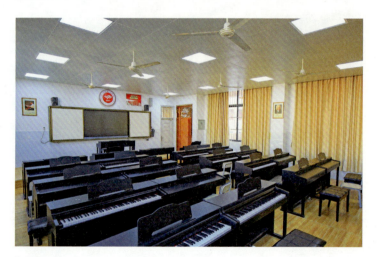

钢琴室

科学馆

历史教室

实验室

舞蹈教室

录播电视室

录播教室

休闲室

党员教师们庆祝中国共产党成立 100 周年

党员教师们在"童心向党·欢度六一"六一主题文艺汇演中向党献歌

"喜迎国庆节　献礼二十大"校级领导与73造型合影

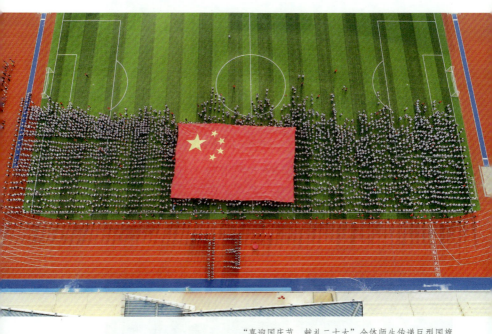

"喜迎国庆节 献礼二十大"全体师生传递巨型国旗

南宁三中初中部青秀校区教职工观看中国共产党第二十次全国代表大会

"唱红色歌曲，做时代新人"2020年红色歌曲合唱活动

英姿飒爽展风采，少年壮志凌云天
——南宁市第三中学初中部青秀校区 2022 级国防教育课程汇报活动

初中部青秀校区学生到科技馆研学

初中部青秀校区 2020 年主题教育研学实践活动

南极科考队陨石专家陈宏毅博士莅临
初中部青秀校区进行讲学活动

初中部青秀校区学生
到青秀山开展研学活动

"拥抱大自然，体验秋收忙"2021主题秋游活动

2017 年 10 月 19 日，泰国中学生汉语文化营的同学到初中部青秀校区参观交流学习

2018 年 3 月 28 日，香港特别行政区圣杰灵女子中学参访团到初中部青秀校区交流学习

2019 年 4 月 22 日，墨西哥议员访问团到初中部青秀校区交流学习

2019 年 5 月 21 日，香港官立学校教师考察团到初中部青秀校区交流学习

第五届"一带一路"青少年创客营与教师研讨活动启动仪式

第五届"一带一路"青少年创客营与教师研讨活动现场

广西壮族自治区科学技术协会向初中部青秀校区赠送科普物资

第六届"一带一路"青少年创客营与教师研讨活动开幕式

2021年初中部青秀校区第一届科技节舞蹈表演

2021 年初中部青秀校区第一届科技节之学生讲解科技作品

2021 年初中部青秀校区第一届科技节之学生搭建作品

2021 年初中部青秀校区第一届科技节之热气球升空

2021 年初中部青秀校区第一届科技节之 VR 虚拟技术体验航空运动

2021 年初中部青秀校区第一届科技节之"探寻'花花'"世界花卉主题科普活动

初中部青秀校区罗跃宸同学荣获第二届广西青少年科技创新自治区主席奖

初中部青秀校区 2021 年离队入团仪式暨十四岁集体生日主题教育活动

2021 年初中部青秀校区六一嘉年华"敢泼才会赢 泼走压力"泼水节

学生挂心愿牌

六一嘉年华校领导投放锦鲤

六一嘉年华校园美食街

六一嘉年华"鱼跃龙门"锦鲤捕捞活动

学生大课间风采展示——跟着歌曲《本草纲目》的旋律跳操

皮划艇接力赛

游泳比赛

男子实心球比赛

男子三级跳远比赛

女子跳高比赛

教职工趣味运动比赛之旋风跑

初中部青秀校区师生于孔庙行千人拜师礼

生态劳动综合实践基地

中考百日誓师大会出征仪式

中考百日誓师大会活动现场

初中部青秀校区中考送考教师集体照

4

三中之美
—— 初中部五象校区

南宁三中初中部五象校区是南宁市第三中学教育集团下的一个分校区，设计办学规模为 48 个教学班。初中部五象校区位于五象新区坛兴路 32 号，校区总建筑面积 46001.42 平方米，2017 年秋季学期建成并投入使用。

初中部五象校区现有教职工 160 人，其中高级教师 15 人，特级教师 1 人，南宁市

学科带头人 10 人，南宁市骨干教师 27 人。依托南宁三中的优质教育资源，抓住五象新区发展的契机，初中部五象校区立足于高起点高定位，组建了一支由高级教师、市学科带头人、教研组组长、市学科中心组核心成员等教学骨干组成的师资队伍，力争建设成为师资一流、管理一流、环境一流、质量一流的校区，引领南宁义务教育的发展。

　　"走进校园，就好像走进一座大型图书馆。"初中部五象校区以"书香校园"为发展定位，打造三大课程基地——敦品课

初中部五象校区校门

程基地、力学课程基地、艺体课程基地，构建学校、家庭、社区、社会四位一体的书香校园生态，打造具有浓郁人文氛围的阅读学研型校园。

"真·爱"为本，追求卓越，初心不变，踔厉奋发。初中部五象校区坚定地走在办好人民满意的教育之路上，办学品质稳健提升，取得社会一致好评。初中部五象校区被评为2019年度南宁市绿色学校，荣获2020年南宁市教育局直属公办学校（校区）初中毕业班工作"优秀学校"（校区）称号，荣获2021年南宁市教育局直属公办学校（校区）初中毕业班工作"优秀学区"（校区）称号、"卓越学校"称号，荣获2022年南宁市教育局直属公办学校（校区）初中毕业班工作"卓越学校"称号，获评南宁市教育局直属中小学常规管理评估优秀学校。校区VOT啦啦操队曾获得4次国家级、1次自治区级、5次市级奖励；新篁合唱团连续2年获南宁市组织的艺术节表演金奖；新篁民乐团获得自治区中小学艺术展演第一名。师生参加各级各类比赛，硕果累累。

初中部五象校区示意图

师资力量

1. 教研组

南宁三中初中部五象校区语文教研组是一个年轻、有活力、充满干劲的学习型、研究型团队。目前组内有教师 22 名，他们敬业务实、素质过硬、经验丰富、功底深厚、作风严谨、与时俱进、勇挑重担、敢于创新。他们和而不同，美美与共。他们的课堂，或激情满怀，回肠荡气；或轻松厚重，启人心扉；或春风化雨，润物无声……含英咀华，儒雅为人，身为世范。教研引路，赋能育人。在教研组组长的指导下，组内教师在各级各类比赛中拔得头筹，斩获佳绩；共主持 2 个自治区级课题、4 个市级课题，

初中部五象校区语文教研组

在全国知名期刊上发表多篇论文，创造了南宁三中初中部五象校区的教学奇迹，教学成果辐射到广西宾阳、崇左等地。他们将继续秉承南宁三中"真·爱"的教育理念，崇尚一流，追求卓越，以求真务实的治学态度、无私奉献的敬业精神助力学生的成长，创造南宁三中的美好明天！

初中部五象校区数学教研组

南宁三中初中部五象校区数学教研组是一支既朝气蓬勃、阳光向上，又严谨务实、专业能力突出的队伍。现有教师 23 人，其中高级教师 3 人、一级教师 9 人，南宁市教学骨干 5 人，南宁市学科带头人 1 人。

　　作为一支年轻的队伍，数学教研组始终遵循"成长比成功更重要"的教育理念，"挑战自我，追求卓越"是他们前进的动力！他们秉承敬业团结的作风，坚持"立本入心、成长于行"，在每周集体教研活动的浓厚研究氛围中积极探寻科学的教学模式，课堂教学方法灵活多样；在日常教学中渗透自主、合作、探究的教学思想，致力于对学生数学核心素养的培养，坚信"$1 + 1 > 2$"，师生携手同行之效果必胜于各自为学。

　　点线面体，勾勒大千世界，加减乘除，演绎无限苍穹；一丝不苟，论是非曲直，孜孜不倦，画大小方圆。只待三尺讲台，三千桃李，十年树木，十万栋梁。

初中部五象校区英语教研组

南宁三中初中部五象校区英语教研组现有教师 21 人，其中高级教师 5 人、一级教师 9 人、二级教师 7 人。他们有经验丰富、成绩显赫的指导力量，有精神饱满而富有战斗力的中坚力量，还有年轻而富有冲击力的后备力量。

全组教师以先进的教育思想为行动指南，以课改为工作重心，以教育科研为手段，全面贯彻"夯基础、抓过程、重方法、提素养"的教学理念，坚持"集备、共研、共享、带新、共进"的优良传统，努力探求科学、低负、高效的教育教学道路，使英语教研组成为一支业务精良、爱岗敬业、乐于奉献的团队。

全组教师更新教学观念，开展课题研究，主持或参与课题 30 多个；撰写教学论文，获各级奖项或发表的有 10 多篇；参加教学比赛，获各级奖项 20 多人次；所培养的学生逐年进步，中考取得优异成绩，在南宁市名列前茅。

回首过去，展望未来。英语教研组全体教师将继续保持优势，拼搏进取，继续用 A、B、C……26 个英文字母演绎语言的魅力，用踏实进取的工作态度践行南宁三中"真·爱"理念和追求卓越的精神。

初中部五象校区物理教研组

南宁三中初中部五象校区物理教研组是一个团结、和谐、创新、向上的学习互助型团队。物理教研组共有 13 人，其中高级教师 3 人、一级教师 4 人、二级教师 4 人，新入职教师 1 人，实验员 1 人。物理教研组朝气蓬勃，既有脚踏实地、默默奉献的工作作风，又有仰望星空、善于变革的冲天干劲，屡获多项殊荣。队伍中有南宁市新世纪学术和技术带头人 1 人，南宁市学科带头人 3 人，南宁市教学骨干 3 人，南宁市物理学科中心组成员 3 人。物理教研组核心人员在南宁市物理学科有一定的影响力，取得的成绩主要有主持或参与自治区级、市级课题、微型课题多项，多篇论文获自治区级一等奖并在省级刊物发表。在各种级别的优质课、青年教师教学技能、实验说课、中学物理说课等比赛中成绩显著，全国级赛课一等奖 1 人、二等奖 1 人，自治区级赛课一等奖 3 人，市级赛课一等奖 9 人。物理教研组坚持以学生全面发展为目标，以新课标为导向，教研相长，不断追求更高效的物理课堂。

初中部五象校区化学教研组

　　南宁三中初中部五象校区化学教研组是一个踏实肯干、勤于钻研、团结友爱的教研集体。现有教师 6 人，其中：南宁市学科带头人 1 人；南宁市教学骨干 1 人，并成为广西 21 世纪园丁工程 A 类培养对象。

　　在学科竞赛上，组内教师在优质课、说课、论文等各类化学学科教学评比活动中多次荣获全国一等奖、自治区一等奖、南宁市一等奖等奖项。在教学上，组内教师以师徒结对的方式互相促进，相互合作，资源共享，共同提高。同时，他们秉持"科研先导，探索提高"的精神积极参与课题研究，并都圆满结题。

　　勤奋的化学教研组教师一直在努力，一直在进步，争创卓越！

初中部五象校区道德与法治教研组

　　南宁三中初中部五象校区道德与法治教研组是一支充满活力与激情、自信与大气、聪慧与奋进的队伍。道德与法治教研组共有专业教师9人，其中高级教师2人、一级教师2人、二级教师3人，南宁市学科带头人2人，南宁市教学骨干2人。队伍中既有长期战斗在教学第一线、教学经验丰富的中年教师，也有勇于创新、积极进取的年轻教师。老教师经验丰富，青年教师理念新颖，携手在课堂挥洒热血，关注每个学生的成长，为全面提高学生人文政治素养，为成就学生坚实的人格魅力而不懈努力。道德与法治教研组以"真·爱"为本，追求卓越，以研促教，以研促长，积极参与课题研究，主持有多个自治区级、市级课题，多名教师在各级各类优质课比赛中斩获一等奖。

初中部五象校区历史教研组

南宁三中初中部五象校区历史教研组是一支务实敬业、勤勉奋进、团结互助的队伍。历史教研组现有教师 9 人，其中南宁市教学骨干 2 人，南宁市历史学科中心组成员 1 人。

全组教师秉承南宁三中"真·爱"教育理念，着力于提升教学素养，探索高效的教学模式，营造善思、合作、创新的良好教研氛围，在各项教育教学比赛、论文评比中取得了令人满意的成果，如历史教研组在 2021 年被评为校区优秀教研组，5 位教师在市级以上优质课教学比赛中获一等奖。

历史教研组以高尚的师德和严谨的治学态度赢得了学生、家长的认可和尊敬。他们一直在提升历史教育教学的路上，将以勤奋智慧的心继续耕耘！

初中部五象校区地理、生物、信息综合教研组

　　南宁三中初中部五象校区地理、生物、信息综合教研组是一支综合素质高、科研能力强、充满活力的教育教学团队。现有教师 12 人，其中一级教师 6 人，研究生 2 人。近 5 年来，全组共完成 3 项南宁市级课题，10 项市级微型课题，多位教师在市级各类比赛中获奖。指导学生参加各类比赛，荣获自治区级一等奖 10 人次、二等奖 10 人次、三等奖 12 人次，荣获南宁市级一等奖 3 人次、二等奖 14 人次、三等奖 3 人次。地理、生物、信息综合教研组以全面提升学生素养为目标，秉承"以人为本，理论实践并重，全面发展"的教育理念，不断革新、完善学科课程体系，积极开发融合课程。

初中部五象校区体育教研组

南宁三中初中部五象校区体育教研组是一个团结、互助、和谐的大家庭。体育教研组现有教师 8 人，其中一级教师 2 人，研究生 1 人，其他均为本科学历，是一个年轻、充满激情、活力、奋进的团队，为学校体育工作作出了突出的贡献。学校陆续成立了篮球队、乒乓球队、击剑队、田径队、排球队、啦啦操队等训练队，体育训练队先后在南宁市组织的比赛中荣获优异成绩，体育教学、业余体育训练方面都获得了可喜的成绩。

在新课程指导思想的引领下，体育教研组全体教师紧跟新课程改革发展的步伐，在注重抓观念、体制、机制的基础上推进课程改革，构建新课程进程中的特色体育教研组，争取为南宁三中的发展作出更大的贡献。

初中部五象校区艺心综合教研组

　　南宁三中初中部五象校区艺心综合教研组是一个才貌双全，富有朝气的教研集体。组内拥有 9 位多才多艺、各有所长、水平过硬的从事音乐、美术、心理 3 个学科教学的教师，其中特级教师 1 人、一级教师 4 人。组员中既有元气满满的年轻人，也拥有 10 多年教学经验的资深教师，其中多位教师参加市级以上公开课比赛并获奖，所指导的学生在市级比赛中取得优异成绩。

　　艺心综合教研组是一个有激情、能创新、敢担当的学科组。他们有情怀，有想法，敢尝试，努力实现综合学科融合教学，打造有学科特色的中考备考多学科融合课程。他们不仅能让余音绕梁、画笔飞扬，还能以婉转的方式，不着痕迹地培养学生的核心素养，让学生在南宁三中这个大集体中实现德智体美全面发展。

2. 行政

初中部五象校区办公室

南宁三中初中部五象校区办公室是学校党务和行政的综合办事部门，也是学校运转过程中承上启下、联系左右、沟通内外的综合枢纽部门。办公室围绕学校中心工作和决策部署，以"参谋超前、服务到位、管理有方、协调有术"为目标，服务领导、服务部门、服务师生员工，发挥领导的参谋助手、部门的综合协调、重大决策的督查督办等作用。

办公室采用"活的管理体系"的行政管理模式，通过"制度规范行为—行为形成习惯—习惯培育传统—传统积淀文化—文化润泽制度"的"制度文化链"管理，促进学校制度更趋于明细化，沟通更趋于顺畅化，行政行为更趋于服务化。

办公室以"有困难、找校办"为口号，树立"管理即服务"的意识，建立了一支"以人为本"的服务型行政管理队伍。办公室分工明确，团结协作，全体人员始终秉持勤勉务实、励精笃行的工作作风，重实际、说实话、办实事、求实效，不断提高管理能力和服务水平，努力为学校跨越式发展和内涵式发展作出更大贡献。

初中部五象校区教务处

南宁三中初中部五象校区教务处是负责学校教学教研工作的职能管理部门，是实现教学工作规范化、科学化、制度化的核心部门，除了指导各专业教研室开展教学研究、教法改革，进行教学评估等工作外，还负责全校各专业的专业建设及教育教学改革的工作。教务处是一支知识结构、职称结构、年龄结构合理的优秀教学管理团队，共有职员 11 人，其中党员 6 人，高级职称 3 人、中级职称 3 人，硕士研究生 2 人，南宁市学科带头人 2 人。他们充满活力，敢于创新，均是具有丰富的管理经验、文书电子管理经验的中青年。

教务处成员具有强烈的事业心和责任感，注重自身专业素质的培养和提高，在各类竞赛、论文、课题成果评比等方面崭露头角，多次荣获自治区级、市级奖项。教务处始终坚持以"真·爱"教育为理念，以服务全校师生为指导思想，发扬"勤奋、务实、开拓、创新"的工作作风，突出教学工作的中心地位，协助学校各部门全面贯彻执行党的教育方针，促进各项工作协调发展。

初中部五象校区政教处

　　南宁三中初中部五象校区政教处主要负责学校学生德育、校园安全、疫情防控、环境卫生、年级组组长和班主任管理、共青团、少先队、学生资助、健康保健、家长学校等方面工作的组织实施。乘风破浪，行稳致远。政教处全体领导及成员始终以落实立德树人根本任务为目标，立足"五育并举"，积极拓宽德育途径，创新德育模式，以班主任导师工作室为平台，以课题为引领，带领班主任团队在深学笃行中沉潜蓄势；以课程为纽带，以主题研究为载体，带领学生团队在中流击水时奋楫前行。政教处是一支"特别有情怀、特别有格局、特别有智慧，特别能团结、特别能担当、特别能战斗"的团队，政教处以"脚踏实地，真抓实干"的作风，以"攻坚克难、奋力拼搏"的姿态，以"一往无前，敢作敢为"的勇气，以"温暖大爱，智慧创新"的格局，凝心聚力，团结协作，共同谱写新生五象之韵！

初中部五象校区科研处

南宁三中初中部五象校区科研处是在学校党委和行政班子领导下，负责校区科研活动的组织、管理和服务等工作的职能部门。现有一正两副3位主任，以及一专一兼2位干事。

科研处主要工作职责包括做学校教育教学发展的顶层设计，用科研引领学校的发展，促进教师的专业化成长，为每一名学生健康成长服务。涉及业务范围包括课题研究、质量分析、教师培训、生涯规划、课程开发、心理辅导等。

科研处干部和干事认真负责，和蔼可亲，有良好的沟通能力和超强的服务意识，能紧跟教学改革的步伐；能保持与时俱进，敢于探索未知的领域；能顺利完成部门各项工作。

科研处工作目标是以研究的方式引领教育教学的发展，促进教师的专业化成长，全心全意为全体师生服务！

初中部五象校区总务处

南宁三中初中部五象校区总务处是负责学校后勤服务、基建维修和资产管理工作的职能部门，围绕学校教育教学的中心工作，以"保障教学，服务师生"为宗旨来开展部门工作。

总务处目前有职工5人，肩负着全校师生员工的学习、工作、生活等服务保障和资产管理的重任，履行学校后勤和资产管理工作计划、协调、监督等职能，主要负责南宁三中初中部五象校区招标采购、教学区设施设备的维修管理、日常服务资产管理等工作。

校区建校几年来，总务处本着"规范化管理，专业化保障，优质化服务"的思想，树立"管理育人、服务育人、环境育人"的理念，健全完善管理制度，提高队伍素质和技能，强化服务意识。总务处勤勉、务实、诚信、精细，竭诚为全校师生员工创造良好的工作学习条件，提供满意的服务，为学校教育教学的发展奉献力量。

校园环境

校园俯瞰图

典雅恢宏的图书馆

美观整洁的教学楼

科技感满满的体育馆

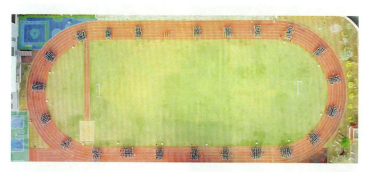

活力田径场，悦动大课间

孔子尊师，启学乐知

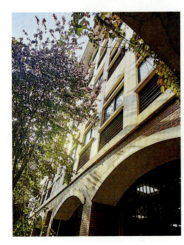

春暖花开，美丽校园

紫薇花开，寄志高远

乌龙寺讲堂："真·爱"引航　文脉不绝

乌龙寺讲堂记

乌龙寺讲堂，乃"南宁三中"之前身，肇始于民族危亡之际，成长于新民主主义革命之初，开基城基础教育之河，得科学民主风气之先，范历经数代之培，领开先河，锐转办学。纵开枝改日时，根深叶茂，饮誉八桂，"保国营生"办学理念日渐成熟。"真·爱教育"思想深入人心，作育英才，杰出校友加冠莅临，桃李化甫，革华学子坚品德身，有朝政府高瞻远瞩，规画定格，五象迎中国户之女人，杰地灵，开拓创新，锋烁五象增福泽；包容厚德，教育至土沐春雨。

为永志先贤卓荦且盟猷办学之源幸，铭念历代三中师生百折不挠，求真向上之精神，特于五象迎中石重彩绘"乌龙寺讲堂"，为恭之三中学子传道受业解惑，俾三中"真·爱"教育思想永世流传。

此己亥年夏

乌龙寺
讲堂

The Brief Introduction of Wulongsi Lecture Hall

Wulongsi Lecture Hall, the predecessor of Nanning No.3 Middle School, was founded at a time of national crisis developing in the New Democracy Revolution. Being the pioneer in basic education in Nanning, it is characterized by the virtues of Seek truth, love students.

With a history of over 120 years, having endured many hardships, the Wulongsi Lecture Hall has finally taken deep root, enhancing its influence and enjoying great popularity in Guangxi. The Philosophy of Schooling: Defend China, Love Students is constantly being improved, and the idea of Seek truth, love students is deeply rooted in the hearts of people. It cultivates distinguished talents and benefits numerous students.

Thanks to the government's great foresight and targeted positioning, the Wuxiang Campus of Nanning No.3 Middle School is located in a propitious land. With the cultural spirit of Wulongsi Lecture Hall, the philosophy of Seek truth, love students has been spreading.

The Wulongsi Lecture Hall in the Wuxiang Campus of Nanning No.3 Middle School was established to memorize the difficulties experienced by our pioneers while creating this school, and bear in mind the indomitable and positive spirits of the students and teachers. It's the place for teachers to propagate the doctrine, impart professional knowledge and resolve doubts and for the philosophy of Seek truth, love students to last forever.

温馨的图书阅览室

温馨的图书阅览室

充满人文气息的阳光书屋

充满古典情韵的甘棠书屋

"初欣化雨　乐知雅筑"——教工之家

书法教室：笔墨修心　书画乐园

历史教室：承千载人文　育群英荟萃

地理教室：行动求知　实践寻真

高端数字化学实验室

编程教室　启航未来

路演教室　让梦想变成可能

创客教室　智慧无限

校园电视台

课程展示中心：知识与艺术的殿堂

生涯发展中心：静心育心　呵护成长

党员活动室　教育新基地

标准化建设的击剑教室

美术专业教室

VOT 啦啦操获得第七届全国全民健身操舞大赛总决赛特等奖

新篁民乐团获得广西第七届中小学生艺术展演器乐类一等奖第一名

新篁民乐团大合照

红歌嘹亮　青春飞扬

升旗仪式

国旗班：最亮丽的风景线

朗读亭：琅琅书声　声润五象　　　　　　　班级文化建设展示交流活动

班主任沙龙：交流　共促　成长

"智慧领航三中人　德行浸润学子心"第二届班主任节颁奖典礼

劳动节种植辣椒树苗

劳动基地丰收

科技节 3D 打印活动　　　　　　　　科技节多轴飞行器竞技赛

科技节活动自制酸碱指示剂

第一届"新蕾"艺术节音乐类展演

元旦嘉年华跳蚤市场

元旦嘉年华晚会现场

元旦嘉年华晚会之舞台剧《五四运动》

体育节开幕式

体育节之跳高比赛

南宁三中初中部五象校区第一届文化戏剧节开幕式

文化戏剧节经典剧目展演

南宁三中初中部五象校区《终身成长》阅读专场翻转课堂

教师研修之烘焙课程

健走五象湖活动

社团一条街

历史校本课程"南宁三中初中部五象校区口述
校史访谈"

机器人校本课程"人工智能设计"

书法校本课程"写好中国字"

生物校本课程"制作叶脉书签"

研学活动之青秀山风景区

研学活动之广西规划馆

大课间跑操